VOM FLECK WEG

VOM FLECK WEG

1000 nachhaltige Lifehacks
für unser tägliches Leben

Gesammelt von Erica Matile

Schweizer LandLiebe

Impressum
LandLiebe-Edition, Ringier AG, Flurstrasse 55, CH-8048 Zürich
edition@landliebe.ch, www.landliebe.ch

Die Originalausgabe ist 2009 unter dem gleichen Titel
im Salis Verlag erschienen.

Herausgeber: Schweizer LandLiebe

Lektorat: Patrick Schär (Erstauflage), Leandra Graf (vorliegende Ausgabe)

Buchgestaltung: Cécile Graf

Umschlag, Satz: Frau Federer GmbH

Umschlagillustration: iStock, Yasmin Khalifa

Fotografien und Illustrationen: Globus Fotoarchiv, Annabelle Fotoarchiv

Buchherstellung: Bruno Bächtold

Gedruckt in der EU

ISBN: 978-3-906869-50-6

Auslieferung EU: Müller – Die lila Logistik Fulfillment Solutions GmbH & Co. KG,
Am Buchberg 8, DE 74572 Blaufelden, verlagservice@lila-logistik.com

MIX
Papier | Fördert
gute Waldnutzung
FSC® C107574
www.fsc.org

Ich erinnere mich noch gut daran: Es war die letzte Anprobe vor der Hochzeit einer guten Kundin. Und plötzlich war ihr Saum voller kleiner Fettflecken. Meine kleine Tochter Violeta hatte auf dem Boden offenkundig Spuren mit ihrem Butterbrot hinterlassen – Spuren, die meine Kundin nun auf ihrem wichtigsten Kleid hatte. Sofort rief ich mehrere ältere Couturièren an, und eine von ihnen rettete mich schliesslich mit ihrem Tipp: «Pfeifenerde auf die Flecken geben und am nächsten Tag ausbürsten!» Sie erraten es: Es funktionierte!

Seither sind einige Jahre vergangen. Jahre, in denen ich alte Magazine, Broschüren und Bücher zu sammeln begann und mich beim Lesen noch so gerne in jene Zeiten zurückversetzte, in denen diese unglaublich lustigen und manchmal auch verschrobenen Tipps verfasst worden waren. Ich erinnerte mich auch an die vielen kleinen Ratschläge, die ich im Laufe meines bisherigen Lebens von meiner Grossmutter, meiner Mutter oder von Tanten bekommen hatte.

Diese Tipps waren immer so einfach und einleuchtend, dass mir ganz warm ums Herz wurde und ich zu überlegen begann: Was mochten die Verfasserinnen dieser Tipps in ihrer Zeit wohl erlebt haben? In den vom Krieg gebeutelten Vierzigerjahren des vergangenen Jahrhunderts? Oder in den darauffolgenden, von Petticoats geprägten Fünfzigerjahren? Bilder von damals stiegen dann vor meinem inneren Auge auf: Elvis, der King, die mit Unmengen von Haarlack gefestigte Dauerwelle, aber auch die Ordnungsliebe, die damals eine gute Hausfrau eben ausmachte. Natürlich haben sich die gesellschaftlichen Werte heute verändert. Wer hat schon Zeit und Nerven, sich mehr als nötig des Haushaltens anzunehmen?

Bei mir ruft der vielseitig interpretierte Begriff des Haushaltens ein ambivalentes Gefühl hervor: Selbstverständlich halte ich es daheim für meine Familie und mich gerne ansprechend sauber – aber soll ich deswegen gleich bieder werden? Zudem verhält es sich mit dem Hausputz ähnlich wie mit der Morgengymnastik:

Man muss sich zunächst überwinden, schiebt die Sache ein wenig vor sich her oder vertagt sie verstohlen. Aber ich muss zugeben: Habe ich das Werk irgendwann dann doch vollbracht, fühle ich mich grossartig. Ein wohliges, schönes Zuhause gibt mir die Kraft und Geborgenheit, es jeden Tag mit der Aussenwelt aufzunehmen. Ich kaufe auch gerne auf dem Markt, dem Bauernhof oder im kleinen Spezialitätengeschäft um die Ecke ein. Frische Eier, hausgemachte Konfitüre, einen Zopf, den flinke Frauenhände geflochten haben: Diese Produkte kann ich prüfen und für gut befinden, und sie geben mir, wenn ich sie später in den Kühlschrank einräume, ein befriedigendes Gefühl, das mir kein Einkauf in einem Supermarkt oder Onlineshop bieten kann.

Sicher, unsere heutige Putzkultur ist um ein Vielfaches einfacher und angenehmer geworden als damals, und so soll es auch sein. Es gibt für alles ein fertiges Mittel aus der Flasche, das uns zumindest verspricht, mit einem Fleck fertig zu werden. Aber wie oft funktionieren diese Mittel tatsächlich zu unserer vollen

Zufriedenheit? Wie oft wird ein weisses Tischtuch mit Rotweinflecken wirklich wieder richtig rein? Ich für meinen Teil liebe es, herumzuexperimentieren, wenn ich beim Haushalten auf ein solches Problem stosse. Und wenn ich dann mit einem kleinen Trick, der notabene fast nichts gekostet hat, Erfolg habe, finde ich das einfach wunderbar!

Natürlich teile ich meine Erfahrungen gerne mit Ihnen. Aus meiner Sammlung von Tipps habe ich ein Nachschlagewerk zusammengestellt, das, wie ich hoffe, ebenso charmant wie schlicht und volkstümlich die Zeit widerspiegelt, in denen Hausfrauen noch auf ihren Erfindungsreichtum angewiesen waren, und habe es mit neuen, spannenden Tipps ergänzt. «Vom Fleck weg» soll Frauen und Männer wie Sie und mich zu einem lustvolleren Alltag mit weniger Hektik ermuntern und in einer ganz neuen und – geprägt, wie ich durch meine lange Karriere als Modedesignerin und Stylistin bin – anspruchsvollen Ästhetik präsentiert sein.

Herzlichen Dank: allen Grossmüttern, Grossvätern, Tanten, Onkeln, Gotten, Göttis, Müttern, Vätern, Schwestern, Brüdern, Freundinnen und Freunden für die guten Tipps. Cécile Graf, die den ersten Band «Vom Fleck weg» gestaltet hat und somit auch für das Grundlayout der vorliegenden Auflage verantwortlich ist. Für die Neugestaltung der vorliegenden Auflage danke ich Frau Federer (Cornelia Iten, Tiziana Pagano, Monika Kapp). Und Kathrin Berger danke ich für das Korrektorat.

Herzlich, Erica Matile

No. 843

Tischlampe mit Gußfuß, Ia. Brenner — *Lampe de table, avec pied en fonte, bec 1re qualité* . . . . Fr. **2.75**

No. 857

Wandlampe, sehr solid — *Lampe de corridor, très solide*

Brenner *(bec)*

	8'''	10'''
Fr.	**1.80**	**2.10**

No. 854

Wandlampe, sehr courant *Lampe de corridor, très courante*

Brenner *(bec)*

	6'''	8'''	10'''
Fr.	**1.—**	**1.35**	**1.50**

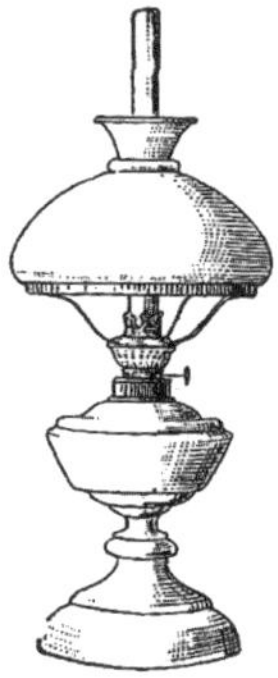

No. 841

Opal-Tischlampe, Ia. Brenner *Lampe de table, bec 1re qual.* Fr. **1.85**

No. 853

Wandlampe mit Blechgefäß *Lampe de corridor, avec bassin en fer blanc*

Rundbrenner *(bec rond)*

	8'''	10'''
Fr.	**1.40**	**1.50**

No. 852

Wandlampe mit Blechgefäß, Flachbrenner — *Lampe de corridor, avec bassin en fer blanc, bec plat*

Fr. **—.95**

No. 851

Wand-Lampe mit Sternbrenner — *Lampe de corridor, avec bec étoile* Fr. **—.45**

No. 869

Wandlampe, sehr courant, Flachbrenner — *Lampe de corridor, très courante, bec plat* . . . . Fr. **—.75**

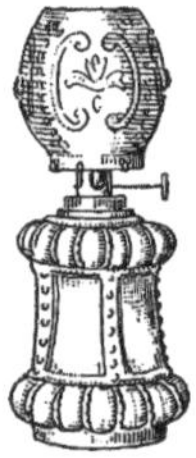

No. 858

Nachtlampe — *Lampe de nuit*

Fr. **—.60**

No. 861

Handlaterne mit solidem Brenner — *Lanterne avec bec solide* . . . . Fr. **1.25**

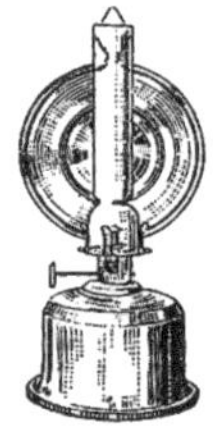

No. 873

Wandlampe mit Messinggefäß, Sternbrenner — *Lampe de corridor en laiton, bec étoile* . Fr. **—.85**

No. 874

Nachtlampe — *Lampe de nuit*

Fr. **—.75**

Allgemeine Haushaltstipps

Kleine Tricks

Kein Korkenzieher

Als Ersatz für einen Korkenzieher dient eine grosse Schraube, deren Kopf an einem starken Bindfaden befestigt ist.

Tubendeckel klemmt

Den Tubenkopf einen Moment lang in heisses Wasser tauchen. So löst sich der Deckel und lässt sich hiernach leicht öffnen.

Krumme Kerzen

Krumme Kerzen können wieder in die gerade Form gebracht werden, indem man sie kurz in heisses Wasser legt und hierauf gut rollt.

Hart gewordene Gummiringe

Diese lege man in Weichspüler So werden sie wieder weich. Zum Schutz danach mit etwas Vaseline, Silikonöl oder Glycerin bestreichen.

Pfannen

Spröde Gummidichtungen
Gummidichtungen an Türen und Fenstern sollen des Öfteren mit Talkum- oder Babypuder eingerieben werden. So dichten sie besser und werden nicht spröde.

Verbogene Hackbretter
Diese werden wieder flach, indem man sie zwischen zwei feuchten Tüchern auf eine glatte Fläche legt und gut beschwert.

Hackbretter pflegen
Um Keime zu eliminieren, die Bretter mit grobem Salz und einer halbierten Zitrone abrubbeln. Holzbretter werden immer von Hand abgewaschen. Diese immer vor Gebrauch kalt abspülen. So nehmen sie Gerüche weniger an.

Abwaschen von Küchenmessern
Diese immer nur lauwarm abwaschen. Ansonsten werden sie stumpf.

Aufbewahren von Bratpfannen
Bratpfannen verkratzen nicht, wenn man zur Aufbewahrung Zeitungsbögen oder Küchenpapier zwischen die einzelnen Pfannen legt.

Fonduecaquelon reinigen
Den Fonduecaquelon über Nacht in kaltem Wasser einweichen. Am darauffolgenden Morgen ist der verkrustete Käse leicht zu entfernen.

Angebrannte Töpfe reinigen
Diese werden mit kochendem Wasser gefüllt, und eine Packung Backpulver wird dazugegeben. Einige Stunden oder über Nacht einwirken lassen. Hiernach lässt sich die Kruste gut wegkratzen. Angebranntes kann auch mit einer Mischung aus heissem Wasser und Essig zu gleichen Teilen sowie etwas Salz entfernt werden. Die Mischung in die Pfanne oder den Topf geben, beim Siedepunkt die Pfanne wegziehen und verbliebene Krusten wegkratzen.

Flaschen und Kannen

Thermoskannen einfüllen

Damit diese beim Eingiessen von zu heissen Getränken nicht zerspringen, werden sie zuvor kurz über den heissen Dampf gehalten.

Teekrüge reinigen

Den Krug mit heissem Wasser füllen und eine Packung Backpulver dazugeben. Einwirken lassen und danach gut ausspülen.

Flaschenstöpsel entfernen

Der Stöpsel löst sich leicht, wenn der Flaschenhals über einer Kerze erwärmt wird.

Flaschen luftdicht verschliessen

Um eine Flasche luftdicht zu verschliessen, schneide man den Korken am Flaschenkopf ab und tauche diesen in eine Lösung aus Gelatine und Essig. Diese erstarrt hierauf rasch zu einer dichten Masse und verschliesst die Flasche luftdicht.

Flaschen- und Karaffenstöpsel einsetzen

Glasstöpsel von Flaschen und Karaffen setzen sich nicht fest, wenn man sie leicht mit Öl einreibt.

Korken aus dem Flascheninneren entfernen

Um einen Korken aus einer Flasche zu entfernen, führe man einen Bindfaden so ein, dass man die beiden Enden in der Hand behält. Hierauf die Flasche umdrehen, damit der Korken in die Schlinge gerät. Den Korken mit einem kurzen Ruck herausziehen.

Tropfen mit blossem Auge abzählen

Tropfen werden mit dem Auge abgezählt, indem man die geschlossene Flasche umdreht, sodass sich der Flaschenhals bis zum Rand benetzt. Hierauf gelingt das Zählen leichter.

Gläser

Glasgefässe füllen

Glasgefässe zerspringen nicht, wenn man beim Eingiessen der heissen Flüssigkeit einen leeren Löffel hineingibt oder aber das Gefäss auf einen kalten Teller stellt, bevor die heisse Flüssigkeit eingefüllt wird.

Festsitzende Wasser- und Biergläser

Diese können gut voneinander gelöst werden, indem das untere Glas in heisses Wasser gestellt und in das obere kaltes Wasser gegossen wird.

Klemmende Einmachgläser

Einmachgläser lassen sich leicht öffnen, wenn man sie kurz kopfüber in siedend heisses Wasser taucht. Oder aber man löse das Vakuum, indem man ein Messer zwischen Glasrand und Deckel einführe.

Verstopfte Parfumzerstäuber

Man führe ein Besenhaar in die Düse ein. So gelingt das Reinigen der Zerstäuber gut.

Gekonnt reinigen

Abwaschen von Wachstischtüchern
Tischtücher aus Wachs werden immer nur mit handwarmem Salzwasser gereinigt. Hierauf mit ein paar Tropfen Milch gut einreiben, dann bleiben sie weich und bleichen nicht aus.

Backbleche reinigen
Diese in erhitztem Zustand mit Salz bestreuen und hiernach mit etwas Papier und ein paar Tropfen Öl abreiben.
Bei verkrusteten Blechen: Diese nachts ins Freie oder in einen feuchten Raum stellen. Am darauffolgenden Morgen lässt sich die weich gewordene Kruste gut mit Papier abwischen.
Bei stark verschmutzten Blechen: Geschirrspülmittel darübergeben, mit heissem Wasser übergiessen und über Nacht einweichen lassen. Oder mit Natron oder Backpulver, etwas Wasser und einem Schuss Essig eine Paste anrühren und diese einige Stunden auf dem Backblech und im Backofen einwirken lassen. Mit heissem Wasser entfernen.

Backofen

Backofen reinigen
Dieser wird am ehesten sauber, wenn man ihn gleich nach dem Backen mit einem Drahtschwamm und Seifenlauge reinigt.
Bei übergelaufener Backmasse: Diese mit Salz bestreuen und nach dem Auskühlen abschaben.
Oder aber den Backofen mit einer Lösung aus Maschinengeschirrspülmittel und heissem Wasser einreiben und über Nacht einweichen lassen.

Geschirr

Kratzspuren vom Schneiden auf Keramik oder Porzellan
Verfärbungen, die auf Tellern durch das Schneiden mit Messern entstehen, sind mit etwas Chromstahlreinigungsmittel zu entfernen.

Emailgeschirr reinigen
Emailgeschirr wird sauber, wenn man es mit Orangenschalen oder aber mit Seifenwasser abreibt.

Krüge

Aluminiumgeschirr reinigen
Dieses reinigt man, indem man dem Spülwasser etwas Essig beigibt.

Teekannen reinigen
Der Geschmack des Tees wird frischer und bekömmlicher, wenn die Teekanne von Zeit zu Zeit mit heissem Sodawasser gereinigt wird.

Thermoskannen reinigen
Damit Thermoskannen sauber werden, fülle man sie mit heissem Wasser und einem Päckchen Backpulver und lasse sie etwa 4 Stunden stehen. Hierauf gut mit warmem Wasser ausspülen.

Blindes oder stumpfes Kristall und Glas
Stumpfes Kristall und Glas wird wieder zum Strahlen gebracht, indem man es mit warmem Wasser und etwas Essig spült. Bei sehr stumpf gewordenen und blinden Glaswaren hilft es, diese mit Sonnenblumenöl einzureiben. Nach 1 bis 2 Stunden abwaschen.

Vasen und Glaskaraffen
Diese werden glasklar, wenn man sie innen mit gesalzenem Essigwasser reinigt. Gut schütteln und nachspülen.
Bei starker Verschmutzung oder Kalkablagerungen: Den Behälter mit warmem Wasser füllen und eine Reinigungstablette für die dritten Zähne beigeben. Über Nacht einweichen lassen und hierauf gut ausspülen und trocknen.

Gebrauchsgegenstände

Naturschwämme
Schmutzige Naturschwämme werden sauber, wenn man sie 24 Stunden in eine Lösung aus 125 g Kochsalz und 1 Liter Wasser legt. Hiernach in kaltem Wasser ausspülen.

Ledertücher reinigen
Diese werden nach dem Benutzen in Salzwasser ausgewaschen, noch halbfeucht aufgerollt und an der Luft aufbewahrt.
Bei hart gewordenem Fensterleder: In mildem Haarshampoo waschen und an der Luft trocknen lassen.

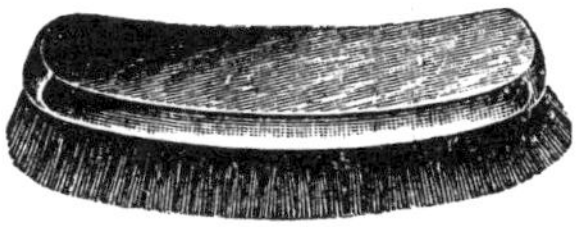

Nr. **2445.** Gute **Kleiderbürste**, schwarz-graue Borsten **1.95**

Nr. **2442. Haarbürste,** schmale Form, extra Borsten, schwarz **2.95**

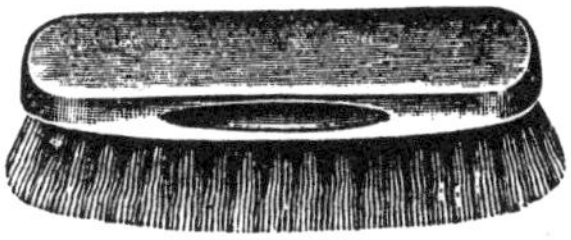

Nr. **2443. Kleiderbürste,** hohe Form, steife, weiße Borsten **4.50**

Nr. **2449. Zahnbürsten,** gute Bürsten,

speziell für Kinder	**–.50**
in Bein, Ia. Borsten	**–.75**
in Zelluloid, Ia. Borsten	1.25
in Bein, harte Borsten	1.45
in Bein, äußerst dauerhaft	1.95

Nr. **2451. Kinderkopfbürste,** mit kräftigen schwarz. Borsten. **1.95**

Harter Duschvorhang

Dieser wird wieder weich, wenn er über Nacht in Sodawasser eingelegt wird. Danach normal waschen.

Schuhbürste reinigen

Man gebe ein Stück Kernseife in eine Schale und fülle diese mit warmem Wasser auf. Mit den Borsten der zu reinigenden Bürste mehrmals über die nasse Seife fahren, bis alle Schuhcremereste aufgelöst sind. So wird sie wieder ansehnlich.

Bügeleisen reinigen

Weissen Kerzenwachsrest in Küchenpapier wickeln und mit heissem Bügeleisen mehrmals darüberfahren. Zwischendurch das Eisen mit einem sauberen Küchenpapier abwischen. Danach auf das handwarme Eisen etwas Zitronensaft träufeln und mit Küchenpapier abwischen.

Cheminée- oder Schwedenofenglas reinigen
Das Glas lässt sich bestens reinigen, indem man Zeitungspapier zerknüllt und anfeuchtet und damit etwas Asche aus dem Ofen auftupft und das Glas damit reinigt.

Horngegenstände reinigen
Kämme, Löffel und andere Gegenstände aus Horn werden immer nur in handwarmem Wasser gewaschen. Sollten sie durch die Behandlung mit heissem Wasser verbogen sein: Einige Minuten in kochend heisses Wasser legen und hierauf wieder geradebiegen. Einige Zeit belasten, damit sie die gewünschte Form beibehalten.

Haarbürsten reinigen
Diese werden wieder sauber, wenn man die Borsten mit Haarshampoo auswäscht.

Kämme reinigen
Kämme werden bei Weitem am besten gereinigt, indem man deren Zähne über die Borsten der Haarbürste zieht.

Klebstoff von Glas und Porzellan ablösen
Glas- oder Porzellangefäss kurz in heisses Wasser stellen. So lässt sich der Klebstoff leicht ablösen.

Etiketten von Flaschen lösen
Flaschen in heissem Wasser einweichen und Etikette abziehen. So wird auch der hartnäckigste Leim weich und macht Kratzen und Schaben überflüssig.

Küchenholzfronten reinigen
Fettflecken an Holzfronten können mit Essigwasser und mit einem Fensterleder weggewaschen werden.

Sanitäres

Verstopfte oder stinkende Abflüsse

Diesen kommt man bei, indem man 3 bis 4 Esslöffel Backpulver oder Natron in den verstopften Abfluss gibt und 1 Deziliter Putz- oder weissen Essig nachschüttet. 2 Stunden warten, bis sich die Mischung durch den Schmutz gefressen hat. Dann heisse Sodalösung (1 EL Sodapulver auf 500 ml heisses Wasser) nachgiessen und mehrere Minuten kaltes Wasser durchlaufen lassen.

WC-Schüsseln reinigen

Die WC-Schüssel mit einem ½ Liter Essig befeuchten und 2 bis 3 Esslöffel Natron oder Backpulver in die Schüssel dazugeben. Den daraus entstehenden Schaum 1 bis 2 Stunden einwirken lassen. Eingefressene Ringe werden mit feinem Sandpapier weggerieben.

Waschmaschine reinigen

1 Liter Essig und 2 Liter Wasser in die Maschine geben und diese bei 95 Grad Celsius einmal durchlaufen lassen. So wird sie wieder rein und kalkfrei. Mit essiggetränktem Lappen ab und an die Trommel reinigen und den Dichtungsgummi mit etwas Vaseline einreiben, damit er nicht spröde wird.

Tumbler reinigen

Mit essiggetränktem Lappen nach einigen Trocknungsgängen die Trommel gut ausreiben.

Entkalken

Kaffeemaschine entkalken

Kaffeemaschinen werden entkalkt, indem man starkes Essigwasser durchlaufen lässt. Hierauf mehrmals mit frischem Wasser durchspülen.

Tauchsieder und Dampfdüsen reinigen

Den Sieder oder die Düse in einem hohen Glas mit heissem Wasser, 1 Teelöffel Salz und etwas Essig einweichen. Hierauf können Kalk und Schmutz leicht weggeputzt werden.

Wasserhahn und Duschkopf entkalken

Diese werden gut gereinigt, indem man ein in Essig getränktes Tuch um den Wasserhahn oder den Duschkopf wickelt und dieses 12 Stunden einwirken lässt. Hiernach lässt sich der Kalk gut wegreiben.

Kachelfugen reinigen

Eine Mischung aus Backpulver und warmem Wasser anrühren und mit diesem Brei mittels Zahnbürste die Fugen sauber fegen. Die Fugen lassen sich auch gut mit Natron-, Sodapulver oder Zahnpasta reinigen. Bei sehr starken Verfärbungen hilft es, diese mit einem Gemisch aus Oxi Action Gel und Wasser zu schrubben.

Verchromte Kleinteile reinigen

Die Teile von Zeit zu Zeit abschrauben und über Nacht in eine Lösung aus etwas Essig und etwas Salz einlegen. Am darauffolgenden Morgen lässt sich der Kalk leicht entfernen.

Chromstahl reinigen

Dieser strahlt wieder, wenn er mit einer Paste aus Natron oder Backpulver gereinigt wird. Darauf achten, dass immer in die gleiche Richtung gerieben wird und nicht wild auf der Oberfläche des Chromstahls hin- und her gefahren wird.

Scheiben und Spiegel

Fensterscheiben reinigen

Fensterscheiben werden sauber, wenn man sie mit einem Lappen putzt, der in einen Kessel Wasser mit einer Zugabe von Abwaschmittel getunkt wird. Mit Papier trocknen. Achtung: Fenster nie bei Sonnenschein putzen, sonst werden sie matt!

Blind gewordene Scheiben

Diese bestreiche man mit Speiseöl. 1 Stunde einwirken lassen und mit Papier abwischen. Hiernach strahlen sie wieder.

Kratzer auf Glas

Kratzer auf Glas mit wenig Zahnpasta auf einem Lappen einreiben, mit einem sauberen Lappen nachreiben.

Flecken

Fensterscheiben blickdicht machen
Die Scheiben mit einer Masse aus 1 Esslöffel Salz und 2 Deziliter Bier bestreichen und trocknen lassen. Sie werden wieder blank, wenn sie mit heissem Sodawasser gewaschen werden.

Spiegel reinigen
Die Spiegel mit einem in Spiritus getränkten Tuch abreiben und hierauf mit Zeitungspapier nachpolieren.
Bei Haarlackflecken: Mit Brennspiritus entfernen.
Bei stumpfen Stellen: Mit Speiseöl einreiben, einwirken lassen und mit Seidenpapier nachreiben.

Trübe Aquariengläser
Trüb gewordene Aquariengläser werden wieder klar, wenn man sie mit Essig und Kochsalz wäscht. Niemals Seifenwasser verwenden!

Flecken auf der Messerklinge
Man bestreue die Klinge mit Salz und reibe sie hierauf mit einem nassen Korken ab.

Lippenstiftränder sowie Tee- und Kaffeeflecken
Die Ränder und Flecken auf Porzellan oder auf Glas sind mit einem feuchten Lappen und etwas Salz sorgfältig wegzureiben.

Nikotinflecken auf Geschirr
Diese verschwinden, wenn man sie mit einem nassen, mit Salz bestreuten Korken abreibt.

Schmutzränder an Lavabo und Wanne
Lavabos, Wannen und Ähnliches werden wieder sauber, wenn man die Ränder mit einem Lappen und etwas Salz abreibt.

Fettflecken auf Büchern
Einen Brei aus Talkumpuder oder Pfeifenerde auftragen und trocknen lassen. Mit einer feinen Bürste abwischen.

Alles um die Wände

Reinigen

Spinnweben entfernen
Spinnweben beseitigt man, indem man sie immer nur mit einer Aufwärtsbewegung von der Wand fegt. Ansonsten bleiben sie an der Wand kleben.

Fliegendreck entfernen
Auf Holzpolituren: Den Fliegendreck mit einem Lappen und etwas Petroleum abreiben.
Auf Ölgemälden: Mit einer Zwiebel wegreiben und mit lauwarmem Wasser nachwischen.

Tapeten

Frische Fettflecken auf Tapeten
Auf eine saubere, ausgediente Puderquaste oder einem feinem Malpinsel Talkumpuder oder Pfeifenerde streuen und mit der Quaste/Pinsel über den Fleck reiben. Hierauf mit einer feinen Bürste abwischen. So werden Papiertapeten wieder rein. Robuste Tapeten mit feuchtem Tuch abwischen.

Alte Flecken auf Tapeten
Diese werden entfernt, indem man die Tapete mit einem dicken Brei aus Tonerde und Wasser bestreicht. Am darauffolgenden Tag kratzt man diesen ab und wischt leicht feucht nach.

Tapeten mit Luftblasen
Die Blasen in den Tapeten werden zum Verschwinden gebracht, indem man sie mit einer Stecknadel einsticht und die Luft aus der Blase presst.

Flecken auf Tapeten und Wänden
Flecken auf Tapeten und an Wänden werden mit einem in Benzin getränkten Wattebausch sorgfältig abgewischt. Oder mit einem Radiergummi den Fleck wegradieren. Eine Mischung aus Wasser und Backpulver hilft auch.

Wände

Fettflecken auf gestrichener Wand

Diese verschwinden, wenn man auf eine saubere, ausgediente Puderquaste Talkumpuder oder Pfeifenerde streut und mit der Quaste über den Fleck reibt. Etwas einwirken lassen und wiederholen, bis der Fleck weg ist.

Feuchtigkeit der Wände prüfen

Wände, die möglicherweise feucht sind, prüfe man wie folgt: Man hefte ein Blatt Gelatine mit Reissnägeln auf die verdächtige Stelle und überdecke diese mit Pappe. Wenn sich die Gelatine nach 24 Stunden aufgelöst hat, ist in der Wand Feuchtigkeit vorhanden. Derselbe Vorgang kann zum Entfernen von altem Verputz oder einer alten Tapete verwendet werden. Diese fallen dann zusammen mit der getrockneten Gelatine ab.

Kugelschreiberspuren an Wänden

Auf die Holz- oder gestrichene Wand weissen Essig reiben und die Spuren hierauf mit einem sauberen Tuch wegputzen.

Risse im Verputz ausbessern

Risse im Verputz der Wand sind mit einem Gemisch aus Weissleim und etwas Natron wegzustreichen. Dieselbe Mischung kann auch für Nagellöcher verwendet werden. Grössere Risse mit einem Brei aus aufgeweichten Zeitungen und geschmolzenem Tischlerleim auffüllen.

Kacheln

Matte Kacheln

Diese erhalten ihren ursprünglichen Glanz zurück, wenn man sie mit einem Lappen und warmem Putzessigwasser abreibt.

Kalk auf den Kacheln

Dieser wird zum Verschwinden gebracht, indem man die Kacheln mit unverdünntem Putzessig abreibt.

Bodenpflege

Wasserschäden

Wasserflecken auf Fussböden

Wenn diese durch Wasserpfützen entstanden sind, lassen sie sich durch mehrmaliges Aufwischen mit Essig beseitigen.

Feuchte Fussböden

Feuchten Fussböden kommt man bei, indem man fein gestossenen, ungelöschten Kalk darüberstreut. Dieser saugt die Feuchtigkeit auf. In Dielen- und Wandritzen vernichtet Kalk zudem das Ungeziefer.

Parkett

Unversiegeltes Parkett reinigen

Dieses wird mit heissem Wasser, etwas Schmierseife und 1 Esslöffel Leinölfirnis wieder sauber. Den Boden nicht allzu nass aufwischen und hiernach gut trocknen lassen.

Vor dem halbjährlichen Wachsen: Mit heissem Wasser und etwas Backpulver gut reinigen. Mit klarem Wasser nachspülen und hierauf einwachsen.

Geölte Holzfussböden reinigen

Man reinige diese mit heissem Wasser, Schmierseife und 1 Esslöffel Leinölfirnis.

Für die gründliche Reinigung: Mit heissem Wasser und etwas Backpulver oder aber mit einer warmen Sodalösung (1 EL Sodapulver auf 500 ml heisses Wasser) putzen. Mit klarem Wasser nachspülen.

Betonboden reinigen

Dieser wird am besten mit klarem Wasser und etwas Kern- oder Schmierseife gereinigt. Fett- und Ölflecken können mit Katzenstreu entfernt werden. Diese zermahlen und darüberstreuen, möglichst einige Tage einwirken lassen.

Versiegeltes Parkett putzen

Versiegeltes Parkett wird wieder strahlend sauber, wenn man 1 Tasse kalten Schwarztee in 1 Eimer warmes Wasser gibt und den Boden mit diesem Gemisch reinigt.

Kunststeinboden reinigen
Dieser wird am besten mit warmem Wasser und etwas Schmier- oder Kernseife gereinigt.

Terrazzo- und Zementfliesenböden pflegen
Diese sind mit einer rückfettenden Schmierseife zu reinigen.

Absatzstreifen auf Parkett reinigen
Schwarze Streifen, die von Absätzen stammen, können mit einem Radiergummi leicht weggerubbelt werden.

Knarrende Dielen
Diese werden zum Schweigen gebracht, indem man Schmierseife zwischen die Dielenritzen streicht.

Helle Fliesen sauber machen
Für das Scheuern von hellen Fliesen gebe man ein halbes Kilogramm kostengünstige Schmierseife und 1 Handvoll feine Soda in einen etwa 5 Liter fassenden Steintopf und giesse unter ständigem Rühren so viel kochendes Wasser dazu, bis der Topf voll ist.
Zum Gebrauch: Eine kleine Menge dieses Gemisches dem heissen Abwaschwasser beigeben. Ist sehr ergiebig und sparsam.

Fett- und Ölflecken auf dem Holzboden
Diese lassen sich mit Talkumpuder oder Pfeifenerde tilgen. Etwas davon auf den Fleck streuen, einwirken lassen. Mit einem Küchenpapier bedecken und mehrmals darüberbügeln.

Teppiche

Teppichfarben auffrischen
Farbige Teppiche mit einem feuchten Lappen, der in ein Gemisch aus Salz und Essigwasser getaucht wurde, einreiben und nach dem Trocknen abbürsten oder absaugen. Hierauf leuchten die Farben wieder wie neu.

Teppichfalten beseitigen
Falten im Teppich gehen gut weg, wenn man diese nach dem Säubern des Teppichs auf der Rückseite mit Wasser benetzt und die Stelle beschwert. Den Teppich eine Stunde lang liegen lassen und hiernach auf der Rückseite bügeln.

Druckstellen auf dem Teppich beseitigen
Druckstellen auf dem Teppich werden beseitigt, indem man ein feuchtes Tuch auf die Druckstellen legt und mit dem Dampfbügeleisen, ohne den Teppichflor zu berühren, sorgfältig darüberfährt. Hiernach lassen sich die Teppichfasern durch kräftiges Bürsten wieder aufrichten.

Kleine Teppiche reinigen
Im Sommer: Den Teppich nach dem Ausklopfen über den kurz geschnittenen, feuchten Rasen ziehen.
Im Winter: Reinen Schnee darübergeben und nach ein paar Stunden abbürsten. Türvorleger, Bast- und Strohmatten nach dem Ausklopfen mit kräftigem Salzwasser abreiben.

Brandloch im Teppich
Die verbrannten Fasern mit einem Cutter wegschneiden. Mit einer harten Bürste vorsichtig Fasern aus dem Teppich ziehen und etwas Leim auf das Loch geben und die Fasern hineindrücken.

Kaugummi aus Teppich entfernen
Einen Plastikbeutel mit Eiswürfeln füllen und über Nacht auf die betroffene Stelle legen, diesen eventuell beschweren. Danach den Kaugummi vorsichtig wegkratzen.

Linoleum

Kerzenwachs auf dem Teppich
Diesen erst eintrocknen lassen, dann das Wachs sorgfältig etwas abkratzen. Hernach mit einem Küchenpapier abdecken und mit dem warmen Bügeleisen vorsichtig darüberfahren. Sobald das Papier vollgesogen ist, mit einem frischen Stück weiterfahren. Allenfalls verbliebener Fettfleck mit Talkumpuder oder Pfeifenerde bestreuen und nach 24 Stunden ausbürsten.

Kokosläufer reinigen
Kokosläufer werden wieder rein, wenn man sie mit Sodawasser abbürstet. Die Läufer nicht zu nass machen!

Linoleumboden reinigen
Dieser wird mit einem Spritzer Weichspüler in etwas warmem Wasser gut gereinigt.

Fleckige Linoleumböden reinigen
Flecken auf Linoleumböden entfernt man, indem man sie mit Terpentin oder aber mit feinster, zuvor in Wichse getauchter Stahlwolle abreibt.

Risse im Linoleum ausbessern
Risse im Linoleum werden beseitigt, indem man sie mit Hartparaffin ausgiesst.

Möbelpflege

Polstermöbel

Verschmutzte Stoffmöbel säubern

Die Polster mit einem feuchten Lappen, der in warmes Spülmittelwasser getaucht wurde, abwischen. Bei hartnäckigen Flecken: Diese mit einer Paste aus Natron bestreichen, trocknen lassen und am nächsten Tag absaugen oder ausbürsten.

Polstermöbel auffrischen

Diese werden wieder frisch, wenn man sie mit leichtem Essigwasser abbürstet.

Stühle

Rohrgeflecht von Stühlen bleichen

Man reibe diese mit einer Mischung aus 1 Liter Wasser, 4 Esslöffel Backpulver und einer ½ Handvoll Schmierseife ab.

Rohrgeflecht straffen

Rohrgeflecht bringt man wieder in Form, indem man den ausgesessenen Stuhl umdreht und hierauf das Rohr mit heissem Wasser und ein wenig Essig richtig nass macht. Gut nachspülen und draussen an der Sonne trocknen lassen.

Korbwaren und Holz lackieren

Gepulverten Siegellack in Spiritus auflösen und die Mischung auf die Korbwaren oder das Holz auftragen. So werden sie mit einem schonenden Lack überzogen.

Bambusmöbel reinigen

Diese werden gut sauber, wenn man sie mit 1 Esslöffel Salz auf 10 Liter Wasser reinigt.

Rattanmöbel reinigen

Weisse Rattanmöbel wasche man mit starkem, warmem Schmierseifenwasser ab.

Lackierte Möbel

Diese reinige man, indem man sie mit einem weichen, nicht fusselnden Baumwolllappen und etwas Spülmittelwasser abwischt. Hierauf mit weichem Lappen glänzend reiben.

Holzmöbel

Schleiflackmöbel
Schleiflackmöbel werden gut sauber, wenn man sie mit lauwarmem Kernseifenwasser mit gleichmässigen Bewegungen in die immer gleiche Richtung abwäscht. Mit einem weichen Fensterleder nachpolieren.

Spröde gewordene Holzmöbel
Holzmöbel erstrahlen erneut, wenn man sie mit warmem Bier reinigt. Danach mit gekochtem Leinöl bestreichen.

Abgenutzte Eichenmöbel auffrischen
Abgenutzte Eichenmöbel werden wieder wie neu, wenn sie mit einer Mischung aus 1/4 Liter Wasser, einem darin eingekochten, hühnereigrossen Stück Wachs und 1 bis 2 Esslöffel Zucker bestrichen werden. Komplett trocknen lassen und gut trocken nachreiben.

Holzmöbel mit Politur auffrischen
Holzmöbel glänzen anmutig, wenn man sie ab und an mit einem Lappen und gekochtem Leinöl behandelt. Bei gekauften Polituren: Einige Tropfen Essig beigeben. So werden die Möbel noch gründlicher gepflegt.

Gebeizte Möbel erneuern
Gebeizte Möbel pflegt man, indem man sie immer nur feucht abreibt und mit einem Lappen nachtrocknet.

Flecken auf polierten Möbeln
Diese verschwinden, wenn man sie mit einem Brei aus Kochsalz und Öl bestreicht, diesen einwirken lässt und hiernach mit einem trockenen Lappen abreibt.

Alte Ölfarbe auf Holzmöbeln entfernen
Alte Ölfarbe verschwindet, wenn die Ölflecken mit einem Lösungsmittel wie Waschbenzin oder Terpentinersatz bepinselt werden. Einwirken lassen und mit einem trockenen Lappen abreiben.

Flecken

Reparaturen

Leimreste auf Möbeln entfernen
Leimresten kommt man bei, indem man Speiseöl darüberträufelt und einwirken lässt. Hiernach mit einem Spachtel vorsichtig wegkratzen und mit einem weichen Tuch nachwischen.

Papier von Holz entfernen
Papier, das auf Holz klebt, lässt sich ohne Schaden entfernen, wenn man das Papier mit Speiseöl beträufelt und dieses einige Stunden einwirken lässt.

Fettflecken auf dem Holztisch zum Verschwinden bringen
Fettflecken lassen sich vom Holztisch entfernen, wenn man 1 bis 2 Tage lang einen festen Brei aus Pfeifenerde oder Babypuder auflegt. Hierauf feucht abwischen.

Wasserflecken auf Möbeln entfernen
Diese sind mit einer aufgeschnittenen Baumnuss abzureiben.
Bei hartnäckigen Flecken: Mit einer Mischung aus Butter und Zigarettenasche abwischen.

Brandlöcher in Holzmöbeln entfernen
Diese werden zum Verschwinden gebracht, indem man die verkohlte Holzschicht mit einem Messer vorsichtig entfernt und hiernach das Loch mit einem farblosen Siegellackstift auffüllt. Die Oberfläche glattstreichen.

Kratzern und Schrammen auf Möbeln beikommen
Kleine Kratzer werden mit einer halbierten Haselnuss wegpoliert oder mit einer Mischung aus gleichen Teilen Essig und Öl abgerieben.

Blind gewordene Stellen auf Möbeln ausmerzen
Diese beseitigt man, indem man die Stellen mit einer Mischung aus 1 Teil Leinöl und 1 Teil unverdünntem Zitronenöl einreibt.
Gut nachpolieren.

Wasserflecken auf Möbeln entfernen

Diese sind mit einer aufgeschnittenen Baumnuss abzureiben.

Bei hartnäckigen Flecken:

Mit einer Mischung aus Butter und Zigarettenasche abwischen. Hiernach allenfalls mit Petroleum nachpolieren.

Feuchtigkeit aus Schränken und Kommoden austreiben

Feuchten Schränken und Kommoden kommt man am ehesten durch Einlegen einer Schüssel gefüllt mit Katzenstreu oder Kochsalz bei.
Um den Modergeruch zu eliminieren, das Möbel mit etwas Essigwasser auswaschen und ein Schälchen mit Vanillezucker hineinstellen.

Schubladen gleitend machen

Kommoden- oder Tischschubladen gleiten wieder leicht, wenn man die Reibeflächen mit Paraffin oder Bohnerwachs einreibt. Zumeist genügt hierbei schon ein Kerzenstummel oder Kernseife.
Dieser Vorgang lässt sich auch bei Schiebefenstern und Schrankschiebetüren durchführen.

Tisch wackelt

Damit der Tisch nicht mehr wackelt, stelle man das zu kurze Bein auf ein mit Tuben-Flüssigholz bestrichenes Pergamentpapier. Die Masse zum Trocknen bringen. Hierauf die überstehenden Reste rundherum mit einem scharfen Messer und mit Schleifpapier entfernen.

Kunststoff

Flecken auf Kunststoffmöbeln entfernen

Einen Lappen mit einigen Tropfen Wundbenzin oder aber Wundalkohol beträufeln und die betroffenen Stellen damit abreiben. Auf diese Weise lassen sich selbst hartnäckige Flecken auf empfindlichen Oberflächen entfernen.

Marmor

Flecken auf Marmor

Flecken auf Marmor entfernt man mit einem sauberen Radiergummi.
Bei Fettflecken: Mit weissem Essig betupfen und diesen einwirken lassen. Hiernach mit Wasser nachwaschen.

Marmor auffrischen
Dieser wird wieder ſtrahlend, wenn man ihn mit einer Paſte aus Putzpulver und Zitronensaft abreibt. Hierauf gut abspülen und trocknen lassen.

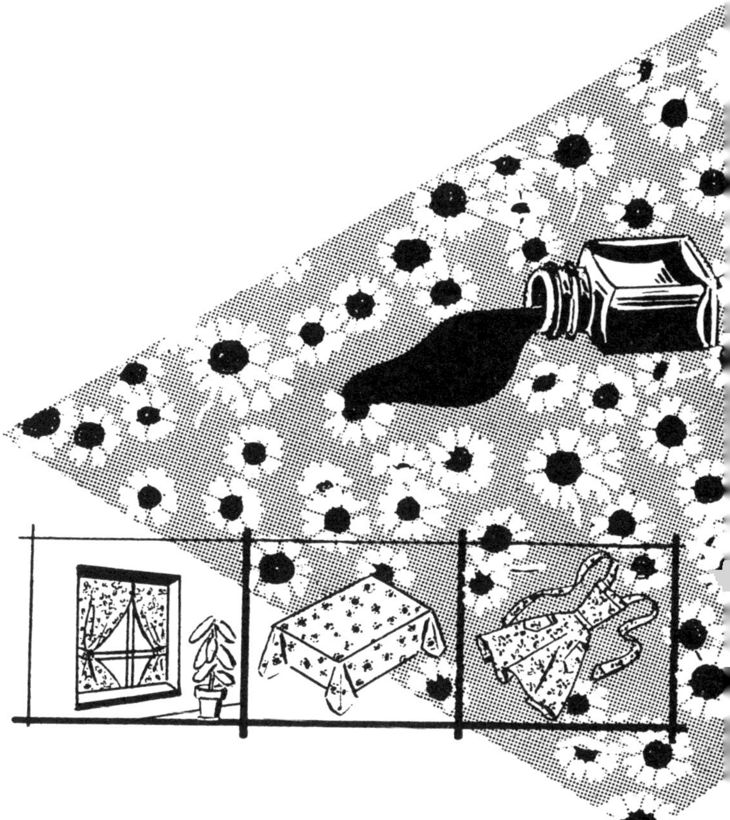

Schädlingsbekämpfung

Kriechendes

Allgemeines Schädlingsmittel

Die meisten Schädlinge bevorzugen eine feucht-warme Umgebung. Dagegen hilft regelmässiges Lüften. Keine Essensreste herumliegen lassen und von Schädlingen befallene Lebensmittel sofort wegwerfen. Vorräte richtig und in Gefässen verschlossen lagern und einige Lorbeerblätter zwischen die Vorräte legen.

Insektenvernichtung

Im Garten: Eine Schale mit Essigwasser und 1 Esslöffel Zucker unweit des Tisches aufstellen, an welchem man gerade vespert. So fliegen alle Insekten, vor allem Wespen und Fliegen, in die Schale. Ein Schälchen mit Kaffee aufstellen und diesen anzünden, der Duft vertreibt die Viecher.

Ameisenplage

Einen dicken Kreidestrich um den Bereich ziehen, in den Ameisen nicht eindringen sollen, denn hierüber können sie nicht krabbeln. Oder aber man stelle zur Beseitigung der Ameisen einen flachen Teller mit gezuckertem, schalem Bier auf. Oder aber man benetze die Schlupflöcher der Ameisen kräftig mit etwas in Wasser gelöster Hefe. So können sie nicht mehr heraus. Oder aber man streue frisches Kerbelkraut aus. Dann nehmen die Ameisen Reissaus. Im Freien lege man sich auf eine grobe Wolldecke und bleibe so vor Ameisen bewahrt.

Flöhe in der Wohnung

Den lästigen Katzen- oder Hundeflöhen, die sich in der Wohnung breitgemacht haben, kommt man bei, indem man alle Böden gut saugt und Teppiche möglichst mit Dampfreiniger reinigt. Staubsaugerbeutel nach der Reinigung sofort entsorgen. Textilien, wie Kissen oder Decken, bei 60 Grad Celsius waschen.

Holzwürmer

Essigessenz in die Bohrlöcher spritzen und Vorgang 1 Mal wiederholen. Hernach die Löcher mit Bienenwachs verschliessen. Oder unter die Löcher Eicheln legen. Deren Geruch zieht sie an.

Kellerasseln

Man setze am ehesten eine lebende Kröte in den Keller. Diese räumt rasch mit den platten, grauen Geschöpfen auf.
Ohne Kröte: 1 Teelöffel Spiritus in eine Flasche giessen und diese so hin- und herbewegen, dass die ganze Innenwand benetzt wird. Die Flasche dann so hinlegen, dass ihre Öffnung den Boden berührt und die Asseln hineinkriechen können und betäubt werden.

Spinnenplage

Die Spinnennetze entfernen. Hiernach Diffuser mit Pfefferminz-Eukalyptus- oder Kastanienöl aufstellen. Auch Säckchen gefüllt mit Lavendel helfen gegen die Spinnenplage.

Wanzen im Zimmer

Eine Mischung aus ca. 200 ml Wasser, 100 ml Essig und 60 ml Spülmittel in eine Sprayflasche füllen und betroffene Stellen damit besprühen.
Wanzen im Bett: Matratze mit Dampfreiniger mit 50 Grad Celsius Wasserdampf behandeln. Bettwäsche und Duvets bei 60 Grad Celsius waschen.
Von Holzbetten fernhalten: Pappstücke mit Ölfarbe bestreichen und dem Bette unterlegen.

Fliegendes

Fliegen

Man vermenge gemahlenen, schwarzen Pfeffer mit Sirup und streiche das Gemisch auf ein Löschblatt, bis es durchtränkt ist. Dieses auf einen mit Wasser angefeuchteten Teller legen. So erhält man ein giftfreies Fliegenpapier.

Fliegen in der Wohnung
Von Zeit zu Zeit 1 Tropfen Essig auf die heisse Kochplatte geben. Oder aber die Fenster öffnen, bis Durchzug entsteht, das mögen Fliegen nicht. Oder aber Lorbeeröl in flachen Gefässen aufstellen. Das hält sie fern.
Beim Malen der Wände, Möbel oder Leisten: Vor dem Malen etwas Lorbeeröl in die Farbe geben. So nehmen Fliegen Reissaus.

Fruchtfliegen
Diese vertreibt man, indem man einige Gewürznelken in die Früchteschale gibt. Oder man stellt ein Schälchen mit Essig (am besten Apfelessig) mit einem Sprutz Abwaschmittel auf, deckt es mit Haushaltfolie ab und sticht mit einer Gabel Löcher hinein. So fliegen die Fruchtfliegen in das Schälchen und nicht in die Fruchtschale.

Küchenschaben (Schwaben)
Eine grosse Schüssel mit billigem Wein füllen und unter die Spüle stellen. Die Schaben fallen so betrunken hinein. Oder in ein hohes Gefäss Zuckerwasser einfüllen und eine Kartoffel dazureiben. Das Gefäss somit Stoff umwickeln, dass die Schaben hineinkriechen können. Diese Mischung wöchentlich wechseln und die ertrunkenen Schaben entsorgen.

Mücken
Hiergegen sei eine halbierte, mit Nelken besteckte Zitrone in einer Schale aufzustellen oder ein Schälchen mit Essig aufzustellen. Das vertreibt die Mücken. Auch ein Topf mit Lavendel oder Minze, aufs Fensterbrett gestellt, macht ihnen den Garaus.

Wespen vertreiben

Als Wespenfalle ein Gefäss mit 1 Deziliter Wasser und mit je 2 Esslöffeln weissem Essig und Zucker füllen. Auch ein Sieb, auf ein brennendes Windlicht gelegt und mit feuchtem Kaffeesatz gefüllt, vertreibt die Wespen. Den Esstisch mit Kupferteilen belegen, das mögen die Wespen gar nicht.

Mäuse

Man stopfe getrocknete, sehr fein gestossene Oleanderblätter, mit feinem, trockenem Sand vermischt, tief in die Löcher. So fliehen die Mäuse und kommen nicht wieder. Oder aber frische Pfefferminzstiele oder ein paar Tropfen Pfefferminzöl auf einen Karton geben und in den befallenen Räumen auslegen. Das mögen die Nager ganz und gar nicht. Oder aber eine Lebend-Mäusefalle mit einem Stückchen Brot auslegen. So können die gefangenen Tiere draussen wieder freigelassen werden.

Schimmelpilz

Die Wände mit Javellauge aus 5 Teilen Wasser und einem Teil Javel abwaschen, 10 Minuten einwirken lassen, Rückstände sanft mit einem Tuch entfernen. Den Raum gut lüften. So bleibt der Befall während einer gewissen Zeit aus. Nach Bedarf erneut anwenden.

Gehendes

Wurmfrass, Pilzbildung und Schwamm

Das Holz schütze man, indem man es in eine gemauerte, mit Wasser gefüllte Grube lege. Hiernach ungelöschten Kalk hineingeben, durch Umrühren löschen und gleichmässig verteilen. Das Holz 2 bis 3 Monate in diesem Bade liegen lassen.

Stehendes

Gerüche im Haus

Schlechter Geruch

Rauchgestank
Dieser kann mit einer kleinen, mit Lavendelwasser gefüllten Schale vertrieben werden. Auch über Nacht aufgestellte Schüsseln mit Essigwasser tilgen den Gestank.

Schlecht riechender Kühlschrank
Ein Schälchen mit Kaffeepulver hineinstellen. Auch eine Schale mit Essig – kein Balsamico! – hilft gegen schlechte Gerüche. Es ist besonders zu empfehlen, den Kühlschrank mit Essigwasser zu reinigen.

Schlechter Geruch im Backofen
Hiergegen fülle man eine feuerfeste Schale mit Orangen- oder Zitronenschalen und erhitze sie kurz im Ofen. So wird der Geruch vertrieben.

Fischgeruch
Betroffenes Geschirr, Bretter oder Besteck in Essigwasser waschen. *Bei Fischgeruch im Hause:* Etwas Essig aufkochen. Dessen Dampf tilgt den Geruch.

Fonduegeruch
Essig in einer Pfanne aufkochen und damit durch das Haus gehen. Der Dampf vertreibt den Käsegeruch. Oder aber über Nacht ein Schälchen mit Obst- oder Apfelessig aufstellen. Der Essig kann hiernach erneut bedenkenlos verwendet werden.

Stinkender Abfallkübel
Zeitungspapier hineinlegen und etwas Katzenstreu oder zerkleinerte Holzkohle in den Kübel resp. frischen Abfallsack legen. Damit werden die Gerüche neutralisiert.

Muffig riechende Holzmöbel
Das Möbelstück mit 5 dl Essig auf 1 Liter warmes Wasser auswischen. Trocknen lassen und einige Stoff- oder Gazebeutelchen, gefüllt mit Vanillezucker oder Kaffeepulver, hineinlegen.

Übelriechende Plastikdosen

Dagegen hilft, wenn man den ausgepressten Saft einer Zitrone in den Behälter gibt. Mit warmem Wasser auffüllen und einige Stunden einwirken lassen. Hierauf mit klarem Wasser ausspülen.

Übler Gestank aus dem Abguss

Den Abguss gründlich mit heissem Soda- oder aber Seifenwasser durchspülen. So bleibt er frei von Fettablagerungen und schlechtem Geruch.

Stinkendes WC

Die WC-Schüssel regelmässig mit Essigwasser ausreiben und den Boden ebenfalls mit Essigwasser aufnehmen. Das vertreibt den schlechten Geruch. Sehr empfehlenswert ist es, gleich nach dem Geschäft ein Zündholz anzuzünden.

Farbgeruch

Man lasse eine Schale mit Salzwasser über Nacht im frisch gestrichenen Zimmer stehen. Hierbei sollte der Raum geschlossen bleiben.

Stinkender Koffer

Diesen wische man mit einem feuchten Tuch und etwas Apfel- oder Obstessigwasser aus. Danach ein Schälchen oder Säckchen mit frischem Kaffeepulver oder Vanillezucker hineinstellen.

Wohlgeruch

Süsser Duft

Etwas Zimt und Zucker in einer Pfanne warm werden lassen. So wird in der Wohnung ein süsser Backduft verströmt, der alle anderen Düfte übertüncht.

Rosenduft

Stark duftende Rosenblütenblätter, ohne sie zu zerdrücken, in eine Flasche geben. Auf jede Schicht Blätter etwas Salz streuen und zuletzt mit ein wenig Spiritus anreichern. Die gut verschlossene Flasche an einem kühlen Ort aufbewahren. Für den wohlriechenden Zimmerduft die Flasche einige Zeit offen aufstellen.

Wohlriechender Raumduft
Dieser wird erzeugt, indem man einige Tropfen des Lieblingsparfums auf die Glühbirne gibt.

Orangenball
Hierfür wird eine Orange dicht mit Gewürznelken besteckt.
Die Nelken dabei tief hineinstecken und darauf achten, dass der Saft nicht ausläuft. In einem Netz zwischen die Wäsche legen oder zwischen die Kleider hängen.
In der Weihnachtszeit verströmt dieser Gewürzball auch in jedem Raum einen überaus köstlichen Duft.

Metall-, Edelmetall- und Mineralienpflege

Schmuck

Diamanten reinigen
Den Diamantschmuck für 20 Minuten in eine leichte Spülmittellauge legen und danach mit einer weichen Zahnbürste fein bürsten. Danach spülen und mit einem weichen Baumwolltuch trocknen.

Gold- oder Silberketten entknoten
Die verknotete Stelle mit etwas Baby- oder Talkumpuder bestreuen. Hierauf lässt sie sich leichter entwirren.

Gold reinigen
Goldschmuck über Nacht in ein Glas mit Champagner- oder Proseccoresten legen. Des Morgens mit einer weichen Zahnbürste nachputzen und mit einem weichen Tuch trocknen.

Blind gewordene Goldsachen
Die durch langes Liegen blind gewordenen Goldsachen mit dem Saft von 1 Zwiebel einreiben und 1 bis 2 Stunden liegen lassen. Mit einem weichen Lappen abreiben.

Goldsachen und Edelsteine reinigen
Eine Reinigungstablette für die dritten Zähne in Wasser auflösen und den Schmuck darin über Nacht einlegen. Bei stark verschmutztem Schmuck: Warmes Seifenwasser mit etwas Backpulver oder Natron anrühren und die Goldsachen oder Edelsteine damit putzen.

Uhrketten
Hierfür wird trockene Zigarrenasche auf eine Zahnbürste gegeben und die Uhrkette damit abgebürstet.

Korallen
Diese werden wieder rein, wenn man sie vorsichtig in Seifenwasser säubert und hiernach mit einem Leinenläppchen trocknet.

Edelsteine
Man gebe einige Tropfen Kölnisch Wasser auf einen Lappen und reinige die Steine damit. Nachspülen und auf einem weichen Tuch trocknen lassen. Oder eine Reinigungstablette für die dritten Zähne in Wasser auflösen und die Steine über Nacht einlegen.

Echte Perlen
Diese sind in ein Mullsäckchen mit einer Prise Salz zu packen und durch ein warmes Wasserbad zu ziehen. Auf einem weichen Tuch an der Luft trocknen lassen. So werden sie wieder wie neu. Achtung: Perlen nie verschlossen in einer Schatulle aufbewahren. Damit sie anmutig leuchten, benötigen sie Luft.

Bernstein und Bernsteinspitzen reinigen
Diese werden mit Kölnisch Wasser oder ein wenig Spiritus kurz abgerieben. Hiernach an der Sonne zum Trocknen bringen. Damit Bernstein seine beruhigende Wirkung behält, muss er von Zeit zu Zeit Sonnenstrahlen tanken.

Silber

Silber und Leinen
Silber immer nur getrennt von Leinenzeug aufbewahren. Ansonsten bekommt es dunkle Flecken, die nur sehr schwer zu entfernen sind.

Silberbesteck und -schmuck aufbewahren
In einer mit dickem Flanell oder einem Stück Wolldecke ausgelegten Besteckschublade versorgen und Alufolie darüberlegen. So werden Besteck und Schmuck vor Oxydierung und Kratzern geschützt.

Silberreinigung
In einen Plastikbehälter Alufolie legen und diese mit 3 Esslöffeln Salz bedecken. Mit heissem Wasser auffüllen und Silberbesteck sowie -geschirr einige Minuten darin einweichen. Abspülen und trocknen. Sollte nicht zu oft angewendet werden, nur wenn wirklich nötig, da sonst die Oberfläche des Bestecks und Geschirrs beschädigt wird. Zwischendurch das Silber mit einem weichen Baumwolltuch abreiben.
Bei Silberschmuck: Dieser wird vorzüglich gereinigt, wenn man ihn mit einem Lappen und Backpulver einreibt, abspült und gut trocknet.

Gebrauchsmetalle

Eierflecken auf Silber
Besteck, mit dem Eier gegessen wurden, mit einem feuchten und in Salz getauchten Lappen abreiben. So wird es gut gereinigt.

Chrom reinigen
Natron oder Backpulver mit Wasser zu einer cremigen Paste verrühren und mit einem feuchten Tuch über die verchromte Fläche reiben.

Flecken auf Metallgegenständen
Eine dicke Masse aus Zigarrenasche und Petroleum anrühren und das Metall damit abreiben. So werden die Flecken zum Verschwinden gebracht.

Messing
Man rühre eine Mischung aus Salz und Essig an und reinige damit das Messing. Hierauf mit Wiener Kalk abreiben und mit Zaponlack versiegeln. So beschlägt es nicht mehr.

Bronzegegenstände
Hierbei hilft es, wenn man Zichorie mit etwas Wasser mischt und die Bronzegegenstände damit abbürstet. Gut lüften, abspülen und mit einem weichen Tuch trocknen.

Nickelgegenstände
Seifenlauge anrühren und das Nickel damit abreiben. Hiernach mit einer mit etwas Brennspiritus benetzten Schlämmkreide polieren.

Kupfergeschirr
Dieses wird mit Sauerkrautbrühe abgewaschen oder mit einer Paste aus Essig und Salz abgerieben. Hierauf mit einem Fensterleder trocknen.

Zinn
Zinn wird wieder rein, wenn man es mit Kohlblättern oder aber mit einer Paste aus Holzasche und Wasser abreibt.

Silber und Gummi

Silber wird immer nur getrennt von Gummi aufbewahrt. Selbst das kleinste Stück Gummi bewirkt, dass Silber schon in wenigen Tagen oxydiert.

Heim dekorieren und verschönern

Aufhängen

Bilder und Spiegel an feuchten Wänden

Um Bilder und Spiegel vor Schaden zu schützen, klebe man an deren rückseitige Ecken kleine Korkstückchen, damit sie Distanz zur Wand haben.

Aufhängen von antiken Spiegeln

Spiegel nie der direkten Sonne aussetzen, da diese auf das Quecksilber einwirkt. So lassen sich Flecken im Glas vermeiden.

Wandbilder an einer Schnur aufhängen

Wandbilder sind an einer Schnur aufzuhängen und 1 Mal um sich selber zu drehen. So hängen sie immer gerade.

Auffrischen

Ölgemälde auffrischen

Verstaubte Gemälde lassen sich auffrischen, indem man sie mit einer halbierten rohen Kartoffel langsam abreibt und deren schmutzig werdende Fläche laufend abschneidet, damit die Kartoffel immer sauber bleibt. Hierauf mit einem feuchten Schwamm leicht nachwischen und zum Trocknen bringen.
Für Glanz und Haltbarkeit:
Die Ölgemälde mit Bilderfirnis überziehen.

Holzspiegel- und Bilderrahmen

Diese werden mit einem nicht fusselnden Lappen und warmem Wasser mit etwas Natron oder Backpulver abgerieben. So werden sie sauber.
Für schönen Glanz: Sein eigenes Stirnfett auf den Handrücken nehmen und damit über den Rahmen streichen.

Gehörne und Geweihe vor Wurmstich bewahren

Gehörne und Geweihe bürste man mit lauwarmem Wasser ab und bepinsle sie nach dem Einziehen der Feuchtigkeit mit Petroleum. So werden sie vor Wurmstich bewahrt.

Geweihe und Gehörne pflegen

Hierfür wird ein starker Sud aus grünen Kastanienschalen gekocht und die Geweihe und Gehörne damit bepinselt. Trocknen lassen und danach mit dunkler Möbelpolitur einreiben.

Kleine Gegenstände entstauben

Diese mit einem weichen Malerpinsel abwischen. So werden sie leicht sauber.

Kronleuchter aus Bronze

Diese reinige man mit heisser Zichorienbrühe.

Schmutzige Gipsfiguren

Etwas Glutinleim in Kalkwasser auflösen. Die Gipsfiguren an einen Faden binden und so lange hineintauchen, bis sie die Flüssigkeit angezogen haben. Zum Trocknen bringen und hiernach mit etwas in Wasser aufgelöstem Alaun bestreichen.

Reinigen

Kristalle des Kronleuchters

Eine Reinigungstablette für die dritten Zähne in Wasser auflösen und die Kristalle einige Stunden darin einweichen. Hierauf mit einem weichen Tuch trocken reiben.

Dekoration

Tannzapfen als Christbaumschmuck

Die gründlich gewaschenen Tannzapfen kurz in übersättigte Salzlösung tauchen und hiernach zum Trocknen bringen. So werden sie wie mit Reif überzogen.

Weihnachtsbaum frisch halten

Diesen stelle man vor dem Schmücken 2 Tage lang in Wasser mit einem Zusatz von reichlich Glycerin. Hiernach bleibt er länger anmutig frisch.

Selber Hand anlegen

Reparieren und schützen

Die Tür klemmt
Die Reibeflächen der Türe mit Paraffin einwachsen. So gleitet diese wieder.

Die Tür quietscht
Das Scharnier mit einer Bleistiftspitze gut einreiben oder aber mit ein wenig Bohnerwachs oder Maschinenöl einschmieren. Hiernach hört das Quietschen auf.

Löcher in Giesskannen
Diese dichtet man mit Siegellack oder Silikon erfolgreich ab.

Der Schlüssel dreht sich schwer
Der Schlüssel wird mit Paraffin eingewachst. Hierauf gleitet er wieder gut.

Dämmung der Türglocke
Einen dünnen Streifen Löschpapier um die Glocke kleben. So wird das laute Läuten gedämmt.

Sicherung der Eingangstür gegen Einbrecher
Einen nicht zu dünnen, 25 bis 30 Zentimeter langen Draht nehmen und ihn zu einer haarnadelähnlichen Sperrgabel biegen. Die Sperrgabel hiernach über die Klinke hängen und die beiden Enden um den Ring des Schlüssels schlingen, der im Schloss belassen wird. So lässt sich dieser von aussen weder herumdrehen noch herausstossen.

Vorhängeschlösser im Freien gegen Nässe schützen
Man nagle eine Klappe aus Fahrrad- oder Autogummi an die Türe. So wird das Schloss bedeckt und gegen Rost geschützt.

Schneekleben an der Schaufel
Die Schaufel mit Bohnerwachs oder Kerzenstummeln einreiben. So bleibt der nasse Schnee nicht daran kleben.

Papeterie

Petroleumlampendochte
Diese vor dem Gebrauch mit Essigwasser tränken und vor dem Einziehen gut trocknen lassen. Hierauf rauchen sie bei Gebrauch nicht.

Nicht brennbares Papier
Man tauche das Papier wiederholt in eine ſtarke Alaunlösung. Auf diese Weise wird es unbrennbar.

Papier auf Metall kleben
Das Metall mit dem Saft einer Zwiebel abreiben. Hierauf klebt das Papier leichter auf dem Metall.

Briefmarken ablösen
Den Umschlag von hinten gut befeuchten. So werden Briefmarken leicht abgelöſt.
Bei aneinanderhaftenden Briefmarken: Unter ein Papier legen und dieses bügeln. Hiernach lassen sie sich gut voneinander trennen.

Klebstoff ablösen
Den Klebſtoff mit dem Föhn erwärmen, abziehen und die Reſte mit Petroleum entfernen.

Fotografien reinigen
Mit einem weichen Pinsel über das Foto streichen, das entfernt den Staub. Bei stark verschmutzten Fotos gebe man einige Tropfen Spiritus auf einen Wattebausch und reibe die Fotografien vorsichtig damit ab.

Alte Stempelkissen
Einige Tropfen Glycerin mit einem Papiertuch auf dem Kissen verreiben oder aber das Stempelkissen umdrehen und über Nacht liegen lassen. So sammelt sich die Farbe wieder an der Oberfläche.

Ledereinbände von Büchern reinigen
Mit einem weichen Tuch, auf das einige Tropfen Spiritus gegeben wurden, die Einbände sorgfältig reinigen.

Leder

Dickes Leder schneiden

Dieses wird einige Stunden in Wasser eingeweicht. Hiernach lässt sich auch das dickste Leder leicht schneiden.

Stumpfe Scheren

Man zerschneide mit der Schere einige Male feinkörniges Schmirgelpapier. Auch die stumpfsten Scheren werden hiernach wieder wie neu.

Werkzeug

Scheren und Werkzeug reinigen

1 kleine Tasse Weizenkleie, 1 Esslöffel Salz und 2 Esslöffel Essig in heisses Wasser geben, Scheren und Werkzeug hineinlegen und ordentlich abreiben. Mit Wasser nachspülen.

Meissel, Axt und Werkzeug schärfen

Die Klingen mit Paraffin einreiben. Hierauf arbeiten sie wieder gut.

Schleifpapier haltbarer machen

Das Schleifpapier beim Schleifen um einen angefeuchteten Holzblock spannen. So wird es haltbarer.

Zangendruckstellen vermeiden

Hiergegen lege man einen Teppichrest oder dicken Stoffblätz zwischen die beiden Enden der Zangen.

Schrauben

Schrauben rostfrei halten

Die Schrauben werden vor dem Eindrehen in die Wand mit Talg abgerieben. So bewahrt man sie vor dem Rosten.

Schrauben eindrehen

Diese vor dem Eindrehen in ein Stück Seife stecken. Hiernach lassen sie sich gut eindrehen.

Schrauben herausdrehen

Die Spitze des Schraubenziehers stark erhitzen. Hierauf lassen sich auch die hartnäckigsten Schrauben leichter herausdrehen.

Nägel

Eingerostete Schraubenköpfe
Diese sind mit etwas Terpentin zu bestreichen. So können sie leicht gelockert werden.

Nägel in Holz einschlagen
Den Nagel in flüssiges Wachs tauchen. So wird das Holz beim Einschlagen nicht gespalten.

Nägel und Haken in Steinwände einschlagen
Diese werden eine Weile in Öl oder Schmierseife gelegt und danach eingeschlagen. Es empfiehlt sich zudem, die Nägel schräg einzutreiben.

Nägel in der Wand stabilisieren
Die Nägel umwickle man mit nassem Zeitungspapier und schlage sie so ein. Wenn das Papier trocken ist, umgibt es die Nägel wie Gips.

Bohren

Löcher bohren
Den Bohrer an der vorher bestimmten Stelle mit farbigem Klebestreifen oder Papier markieren. So vermeidet man das Bohren von zu tiefen Löchern.

Bohren in Fliesen
Einen Streifen Leukoplast auf die Bohrstelle kleben. So rutscht der Bohrer nicht ab.

Dübel entfernen
Diese werden mit einem Korkenzieher leicht aus der Wand entfernt.

Glas kitten
Gelatine bei mässiger Wärme in Essig auflösen und auf die Bruchstelle auftragen. Hierauf die Teile aneinanderbinden und beschweren. 1 Tag trocknen lassen. Oder aber Schlämmkreide mit Leinölfirnis zu einem dicken Brei anrühren und damit die Glasteile flicken.

Kitten und kleben

Porzellankitt
Hierfür wird gepulverter Bimsstein, Kalk und aufgelöster Tischlerleim zu einem Teig verrührt. Die Bruchstellen damit bestreichen und fest zusammendrücken, wenn möglich zusammenbinden. Einen Tag trocknen lassen.

Holz kitten
Dieses lässt sich nur mit Tischlerleim gut kitten.

Horn und Perlmutt kitten
Tischlerleim aufweichen und mit starkem, heissem Essig, etwas Spiritus und ein wenig Alaun vermengen. Mit dieser Mischung lassen sich Horn und Perlmutt leicht zusammenfügen. Reste in der geschlossenen Flasche aufbewahren!

Kleben auf Unterlage
Damit der Gegenstand, der geklebt werden muss, nicht auf dem Tisch oder der Fläche, auf der geklebt wird, festklebt, immer Blechreinpapier unter den Gegenstand legen.

Käse als Klebstoff
Man zerstampfe hart gewordenen Käse, wasche ihn in heissem Wasser, trockne und pulverisiere ihn im Mörser. Etwas Pulver mit etwas Wasser zusammenkneten.
Der Klebstoff bleibt im Wasser und in der Hitze beständig. Unbedingt gut verschlossen aufbewahren!

Holzwerk in der Erde vor Fäulnis schützen
In das über der Erde befindliche Holzteil ein 1 Zentimeter breites Loch schräg nach unten bis zur Mitte des Holzes bohren.
Das Loch während 1 bis 3 Tagen so oft mit Imprägnierlasur auffüllen, wie dieses aufgesogen wird. Hierauf das Loch mit einem Holzpflock verkeilen, den man dann glatt absägt. So werden Pfähle und Balken auch nachträglich imprägniert.

Holziges

Weichholz sägen
Das Sägeblatt mit Öl oder mit einer ungesalzenen Speckschwarte abreiben. Hierauf lässt sich das Sägen von Kiefer, Tanne und Fichte leicht bewerkstelligen.

Hartholz sägen
Das Sägeblatt mit Petroleum einreiben. So lassen sich Eiche oder Buche gut sägen.

Winter- und Frühjahrsholz unterscheiden
Etwas Jod auf die Hirnholzfläche bringen. Das im Dezember gefällte Winterholz färbt sich hierauf violett, das im März gefällte Frühjahrsholz wird hingegen nur wenig dunkler.
Beständigkeit: Das Winterholz ist dauerhafter, wasserfester und demnach auch wertvoller.

Rost

Eisenteile von Öfen und Herden von Rost befreien
Die Teile werden mit heissem Öl abgerieben. So befreit man sie von Rost.

Rost auf Nickel entfernen
Die betroffenen Stellen sind mit Maschinenöl zu bestreichen und nach 3 Tagen mit einem mit einer Essig-Backpulver-Lösung befeuchteten Tuch abzureiben.

Rost auf Stahl entfernen
Den Stahl erhitzen und mit reinem Bienenwachs einreiben, bis sich eine dünne Wachsschicht gebildet hat. Einen frischen Lappen in grobkörniges Salz tauchen und damit das Wachs mitsamt dem Rost vom Stahl abreiben.

Rost auf grösseren Eisenflächen entfernen
Die Eisenflächen reibe man mehrmals mit Petroleum ein. So wird der wüste Rost gut bekämpft.

Metalle

Metall vor Rost schützen
20 Gramm Kampfer in 125 Gramm ungesalzenem Schweineschmalz schmelzen und etwas Grafit beimengen. Hiermit die gut gereinigten Gegenstände bestreichen und den Brei nach 24 Stunden entfernen.

Gitterstäbe von Rost befreien
Die Gitterstäbe werden mit einer Drahtbürste vom Rost befreit und mit warmem Leinöl eingestrichen. Hierauf kann Ölfarbe aufgetragen werden.

Schlittschuhe von Rostflecken befreien
Die Kufen in Petroleum einweichen. Am nächsten Tag mit Salz und feinem Sand abreiben. Die Prozedur allenfalls wiederholen.

Dauerhafter Anstrich auf Eisen
Das Eisen wasche man ab und lasse es trocknen. Hiernach mit heissem Leinöl bepinseln und mit Farbe bestreichen. So wird das Abblättern des Anstrichs verhindert. Auch Nässe schadet dann nicht mehr.

Alte Ofenrohre schwärzen
Grafitpulver mit Terpentin anrühren und auf das Ofenrohr auftragen. Mit einer weichen Bürste nachpolieren. So wird es wieder ansehnlich schwarz.

Grünspan beseitigen
Hierfür wird ein Lappen in Essig getaucht und der Grünspan damit abgerieben. Oder aber man erhitzt die befallenen Stellen tüchtig über einer Flamme und reibt den Grünspan weg.

Farbe

Ölfarbe vor dem Eintrocknen bewahren
Die Ölfarbe vor dem Verschliessen mit Wasser bedecken und den Deckel rundum mit Klebeband isolieren. Den Vorgang bei längerem Aufbewahren wiederholen.

Hart gewordene Farbpinsel gebrauchsfähig machen
Die Borsten klopfe man mit einem Hammer locker und reibe sie mit Schmierseife ein. Den Pinsel 24 Stunden so liegen lassen und ihn dann mit warmem Sodawasser auswaschen.

Hart gewordene Farbreste in der Dose
Die eingetrocknete Farbhaut vorsichtig entfernen. Hierauf die Dose in kochendes Wasser stellen und die Farbe gut umrühren. Achtung: Die Dämpfe nicht einatmen! Hiernach ist die Farbe wieder gebrauchsfähig.

Allgemeine Pflegetipps

Gerüche und Ungeziefer

Rauchgeruch entfernen

Rauchgeschwängerte Kleider über Nacht an die Heizung hängen. Am darauffolgenden Morgen riechen sie so frisch, als seien sie gewaschen worden.

Für die Jahreszeiten ohne Heizung: Die Kleidung 10 Minuten in den Wäschetrockner geben oder mit Dampf aus dem Dampfbügeleisen bedampfen.

Naphthalingeruch aus eingemotteten Kleidern entfernen

Die eingemotteten Kleider einige Tage an die Wärme bringen, aber keinesfalls an die frische Luft, denn nur die Wärme beseitigt den Geruch. Oder aber 10 Minuten in den Wäschetrockner geben.

Motten vertreiben

Gekochte Zitronenschalen oder Lavendel in Mullsäckchen verpacken und diese in den Schrank legen. Oder aber kleine Stücke Zedernholz oder Panamarinde in die Taschen der Kleider legen. So werden die Motten schnell vertrieben.

Pflege

Schützen

Pelz im Sommer mottenfrei halten
Säckchen mit Lavendel in den Pelz legen. Damit duftet der Pelz auch im Winter gut.

Pelz ausbürsten
Den Pelz nur ab und an bürsten, sonst brechen die Haare. Vorteilhafter ist es, ihn auszuschütteln und mit einem groben Kamm zu kämmen.

Schwarzer Samt
Diesen mit einem mit Polstershampoo für Samtstoffe angefeuchteten Tuch abreiben, hiernach trocknen lassen und ausbürsten. So glänzt er wieder wie neu.

Strumpfhosen in Form bringen
Diese werden immer nur in warmem Essigwasser gespült. So erhalten sie ihre Form zurück.

Seidene Unterwäsche und Strümpfe waschen
Beides ist in einer lauwarmen Abkochung von Efeublättern zu reinigen und in leichtem Salzwasser mit etwas Essig auszuspülen.

Alte Gardinen stärken
Einige Blätter weisse Gelatine in heissem Wasser lösen und dem letzten Spülwasser beigeben. Die Gardinen darin spülen. So hängen die Gardinen schön gerade vor dem Fenster.

Badeanzüge waschen
Diese werden nach einem Bade in Salz- oder Chlorwasser immer mit Leitungswasser ausgewaschen.

Wäsche bei längerer Aufbewahrung vor dem Vergilben bewahren
Man wickle diese in blaues Packpapier ein.

Windjacken und Rucksäcke imprägnieren
Diese waschen und nass in eine Lösung aus 1 Teil essigsaurer Tonerde und 5 Teilen Wasser legen. 2 Tage darin liegen lassen.

Hosenböden erhalten
Ein gerautes Gummikissen auf den Stuhl legen. Andernfalls werden Hosenböden allzu zügig blank.

Neue Kleider waschen
Die Kleider vor dem ersten Waschen über Nacht in kaltes Wasser einlegen. So wird das Einlaufen insbesondere von Baumwollkleidern verhindert.

Abfärbungen bei Kleidern
Helle und farbige Kleider niemals gemischt aufeinandergelegt aufbewahren. So wird das Abfärben vermieden.

Statisch aufgeladene Kleider
Durch Anbringen einer kleinen metallischen Sicherheitsnadel am Kleidungsstück wird die elektrostatische Aufladung in diese abgeleitet. Kleidung, die sich immer wieder elektrisch auflädt, nur auf Kleiderbügel aus Metall hängen. Beim Waschen von aufgeladener Kleidung gebe man ein Knäuel Alufolie in die Waschtrommel.

Vergilbte oder grau gewordene Wäsche
Diese zusammen mit 1 bis 2 Esslöffeln Backpulver und Waschmittel in der Waschmaschine waschen. So erhält sie ihre ursprüngliche Farbe zurück.

Gelb gewordenes Leinen
Dieses vor dem Waschen über Nacht in einem Gemisch aus 1 Liter kaltem Wasser und 1 Esslöffel Spiritus einweichen. Hierauf erstrahlt es wieder in vorteilhaftem reinem Weiss.

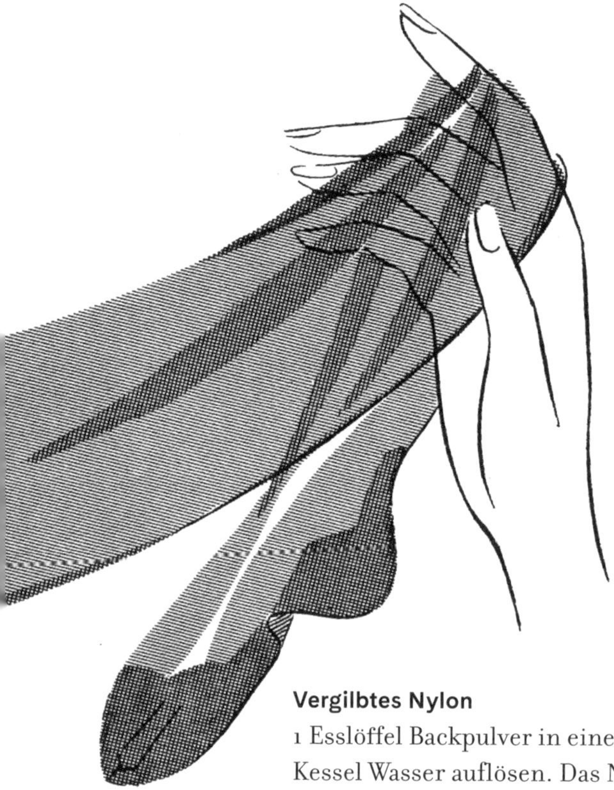

Vergilbtes Nylon
1 Esslöffel Backpulver in einem Kessel Wasser auflösen. Das Nylon über Nacht darin einlegen und danach waschen. So wird es wieder blütenweiss.

Vergilbter Polyester
4 Liter Wasser und 1 Tasse Geschirrmaschinen-Spülmittel in einen Kessel geben und den Polyester darin über Nacht einweichen. Hierauf waschen.

Verfilzter Kaschmir und Wolle
2 Esslöffel Apfel- oder Obstessig in 10 Liter kaltes Wasser geben und das verfilzte Teil hineinlegen. Mehrmals mit einer Holzkelle umrühren. Nach einer Stunde aus dem Wasser nehmen, auf ein Frotteetuch legen, dieses einrollen und leicht ausdrücken. Dann für 24 Stunden in einem Plastiksack in den Tiefkühler legen.

Plüschtiere waschen
Diese werden von Hand mit etwas Waschmittel und ein paar Tropfen Lavendelöl gewaschen. Leicht verschmutzte Tiere oder solche mit elektronischem Innenleben können mit einem feuchten Mikrofasertuch abgewischt werden.

Waschen

Wollene Sachen waschen
Diese lassen sich in lauwarmem Wasser mit Zugabe von etwas Haar- oder Lammfell-Shampoo gut waschen. Keinen Weichspüler verwenden, da dieser das Garn verklebt. Gut mit lauwarmem Wasser ausspülen. Nie auswringen! Ausgelegt auf einem Frotteetuch trocknen lassen.

Stark verschmutzte weisse Tisch- oder Bettwäsche
Dem Waschgang 2 bis 3 Esslöffel Sauerstoffbleiche beigeben. Dadurch werden auch starke, eingetrocknete Flecken entfernt.

Daunen waschen
Für das Waschen der Daunen 2 bis 4 Tennisbälle in die Waschmaschine geben. So können die Daunen unbesorgt gewaschen werden. Zusammen mit den Bällen im Wäschetrockner trocknen. Falls kein Trockner vorhanden ist, die Daunen auf einem Wäscheständer trocknen lassen, dabei regelmässig gut durchschütteln.

Unsauber gewaschene Kleidung
Diese spüle man erst heiss und dann genügend oft kalt. So gehen alle Seifenteilchen heraus, welche fast immer das leidige Übel sind.

Fusseln an Stricksachen
Der Wäsche nach dem letzten Spülgang 1 Deziliter Essig beigeben. Dieser verhindert das unvorteilhafte Fusseln.

Ausbleichende Textilfarben
Der Wäsche im letzten Spülwasser 1 Esslöffel Essig beigeben. So wird starkes Ausbleichen vermieden.

Feines Waschen

Kaschmir und Wolle pflegen
Diese schätzen es sehr, wenn sie zwischen dem Tragen alle 1 bis 2 Tage eine Ruhepause gleicher Länge bekommen. Sie brauchen nicht allzu oft gewaschen zu werden. Meist genügt auch eine Pause auf oder in der Nähe eines Heizkörpers. So wird die Lebensdauer der schönen Sachen lange sein.

ANNABELLE
La
Mode
nouvelle

Schwarze Stoffe waschen

Diesen ist beim Waschen
1 Teelöffel Salz beizugeben.
Auf der Rückseite waschen
und bügeln. So bleiben
sie schön schwarz und laufen
nicht ein.

Bunte Wäsche waschen
Der Wäsche im letzten Spülwasser 1 Esslöffel Essig beigeben. Dann bleibt sie länger farbenfroh.

Weisse Wäsche weiss erhalten
Man gebe zum normalen Waschmittel 1 Kaffeelöffel Backpulver oder Natron dazu. So bleibt das Weiss lange strahlend.

Feinwäsche waschen
Hierfür stecke man die Wäsche in einen Kissenbezug und verschliesse diesen. Im Feinwaschprogramm in der Waschmaschine waschen. Auch für fusselige und flauschige Wäsche empfiehlt sich dieses Vorgehen.

Feine Seidenstoffe und Foulards waschen
Diese werden leicht in Seifenschaum und lauwarmem Wasser ausgedrückt. Dem letzten Spülwasser etwas Essig beigeben, so leuchten die Farben umso schöner. Hierauf leicht ausdrücken, aber niemals auswringen und nur halb trocknen. Noch feucht zwischen Seidenpapier legen und auf der Rückseite bügeln.

Seidene Krawatten
Diese werden vorzüglich sauber, indem man sie in einem grossen Lavabo mit lauwarmem Wasser und etwas Babyshampoo wäscht. An der Luft trocknen lassen.

Schwarze Seide
Diese wird in Schwarztee und leichter Seifenlauge anstatt in Wasser gewaschen. So wird die Seide wieder zum Glänzen gebracht.

Nicht farbechte Seide oder Strümpfe

Essigwasser mit einigen Blättern Efeu aufbereiten und die Seide oder Strümpfe kurz darin waschen. Hiernach in leichtem Salzwasser nachspülen. So bleiben sie farbecht.

Voilekleider und -gardinen waschen

Hierfür gebe man 1 Kaffeelöffel Zucker in das letzte Spülwasser. Dann strahlen diese Stoffe wieder wie neu.

Spitzenunterwäsche waschen

Diese wird in einen Topf mit warmem, mildem Seifenwasser gegeben und leicht darin geschüttelt. Hierauf ausspülen und trocknen lassen. So geht sie beim Waschen nicht kaputt.

Spitzen waschen

Dem lauwarmen Seifenwasser einen ½ Teelöffel Salz beigeben. Die Spitze um eine Flasche wickeln und im Wasser hin und her schwenken. Mit klarem Wasser nachspülen. So wird sie blendend weiss. Für die vorteilhafte Steifheit einen ½ Teelöffel Zucker ins letzte Spülwasser geben.

Weisse Wäsche waschen

Diese wird strahlend weiss und fleckenfrei, wenn man sie in einer Mischung von warmem Wasser und Zitronensaft im Verhältnis 1:20 über Nacht einweicht. Danach normal waschen.

Wäsche flauschig waschen

Auf Weichspüler kann verzichtet werden, wenn dem letzten Spülwasser 1 Esslöffel weisser Essig beigegeben wird.

Färben

Flecken behandeln

Vorzügliches Waschmittel

Rosskastanien schälen, reiben und zum Trocknen bringen. Hierauf zu einem möglichst feinen Pulver mahlen. Wegen ihres Saponingehaltes sind sie ein vorzügliches Waschmittel.

Selbst gefärbte Stoffe waschen

Diese Stoffe werden farbechter, wenn man sie vorsichtig in Essigwasser wäscht.

Flickfaden für selber gefärbte Kleider

Beim Färben immer einen weissen oder ungefärbten Baumwollfaden zufügen. So ist für allfälliges Ausbessern die richtige Farbe vorrätig.

Wäsche schwarz nachfärben

In einem Eimer werden 12 Beutel Schwarztee mit kochendem Wasser übergossen. Die verblasste schwarze Wäsche hiernach 24 Stunden darin liegen lassen, ab und an die Wäschestücke umrühren. So wird diese gut eingefärbt.

Wäsche braun färben

Grüne Walnussschalen in warmem Wasser auslaugen, sodass eine braune Beize entsteht. Die Garne oder Stoffe einige Zeit hineinlegen, bis sie braun gefärbt sind.

Wäsche violett färben

Leinen, Wolle und andere Naturstoffe sind in Heidelbeersaft zu tränken. So erzielt man die schönste violette Färbung.

Wäsche senfgelb färben

Mit Kurkumapulver wird die Wäsche strahlend senfgelb. Ins warme Wasser 1–2 Esslöffel Kurkuma geben und die Wäsche unter Umrühren einige Stunden darin liegen lassen.

Flecken sofort behandeln

Die Flüssigkeit mit Papier aufsaugen und den Fleck wenn möglich sogleich mit kohlesäurehaltigem Mineralwasser oder mit Wasser beträufeln, denn Eingetrocknetes lässt sich schwerer entfernen. Hiernach in Wasser auswaschen.

Verhindern von Fleckenrändern

Den Fleck mit feuchten Tuchstücken einrahmen. Den Stoff, ausgehend von diesen Begrenzungsrändern, in immer enger werdenden Kreisen fein reiben, bis man den Fleck erreicht und entfernt hat.
Bei der Behandlung mit Benzin oder Fleckenmittel: Die betroffene Stelle nach der Behandlung sofort an der Sonne oder aber mit dem warmen Bügelleisen trocknen.

Gallseife für fast alle Flecken

Den Fleck reibe man mit Gallseifenschaum ein und lasse ihn, je nach Verschmutzung, 1 bis 3 Stunden einwirken. Gut auswaschen!

Fleck, geh weg!

Spülmittel auf den angefeuchteten Fleck geben und leicht einreiben. Um den Fleck herum gut befeuchten und in einen verschliessbaren, durchsichtigen Plastiksack geben. Diesen einige Stunden an die pralle Sonne legen, mit der Fleckstelle obenauf. Danach normal waschen.

Schnee als Fleckenreiniger

Das gewaschene Stück bei Tauwetter auf reinen Schnee legen und mit diesem bedecken. Warten, bis der Schnee geschmolzen ist, und hierauf das Wäschestück erneut waschen. So hat der Schnee den Fleck zum Verschwinden gebracht.

Flecken auf Polyester

Diese werden mit Schmierseife meist gut gereinigt.

Beerenflecken

Naturejoghurt in die Flecken einreiben oder aber das betroffene Kleidungsstück in Milch einlegen. Über Nacht einwirken lassen und hiernach gut auswaschen.

Bierflecken

Diese werden mit Seifenspiritus beseitigt.

Grasflecken

Die Flecken mit etwas Butter einreiben und dann mit Spülmittel und kochendem Wasser herauswaschen. Falls anschliessend noch Restflecken vorhanden sind, diese mit Zitronensaft befeuchten und ein zweites Mal waschen.

Blutflecken
Blutflecken in kaltem Wasser genügend lang einweichen und mit starker Sodalösung oder mit kaltem Wasser auswaschen. Gut und lauwarm ausspülen. Oder aber in Wasser, in dem ein Aspirin aufgelöst wurde, einweichen.

Brandflecken vom Bügeln
Die betroffenen Stellen sofort anfeuchten und mit Salz bestreuen. Einige Stunden einwirken lassen. Hierauf mit einer weichen Bürste ausbürsten. Oder mit einer ½ aufgeschnittenen Zwiebel mehrmals über den Fleck reiben.

Deodorantflecken
Die unschönen Flecken mit Essigwasser auswaschen und mit Wasser ausspülen.

Eierflecken
Die Eierflecken eintrocknen lassen und sorgfältig mit einer Nagelbürste wegkratzen. Reste mit Gallseifenschaum einreiben. Etwas einwirken lassen und auswaschen.

Fett- und Ölflecken
Diese werden mit Pfeifenerde oder mit unparfümiertem Baby- oder Talkumpuder bestreut und 1 bis 2 Tage liegen gelassen. Dann Pulver wegbürsten und waschen.

Filzstiftflecken
Sofort das Kleidungsstück in etwas Milch einlegen. Nach 24 Stunden normal waschen. Oder den Fleck mit einem Lappen vorsichtig mit etwas Waschbenzin betupfen. Ein wasserfester Filzstiftfleck kann mit Nagellackentferner oder Aceton behandelt werden.

Fleckenränder
Diese können mit einem feuchten Lappen und etwas Polstermöbel- oder Teppichreinigungsschaum bestens entfernt werden.

Fruchtflecken
Man benetze diese sofort wiederholt mit kohlensäurehaltigem Mineralwasser. Eingetrocknete Flecken einen Tag in Buttermilch einlegen und danach gut ausspülen.

Glanzflecken
Diese werden immer nur mit einem Tuch oder einer weichen Bürste mit etwas Essigwasser abgebürstet.

Harzflecken
Diese sofort dick mit Butter einstreichen und einige Stunden einwirken lassen. Hartnäckige Flecken reibe man mit einer Mischung aus Wasser und etwas Terpentinöl ein, lege hiernach ein Löschblatt darüber und bügle den Fleck weg.

Kaffeeflecken
Salzwasser auf die Kaffeeflecken geben und mit Seifenlauge ausspülen. Zitronensaft darüberträufeln, 1 Stunde einwirken lassen und ausspülen.

Kakaoflecken
Diese werden eingeweicht und mit verdünntem Glycerin ausgewaschen.

Kerzenwachsflecken
Das Wachs eintrocknen lassen und vorsichtig mit einem Messer abkratzen. Danach die Stelle mit Küchenpapier abdecken und mit dem warmen Bügeleisen so viele Male darüberfahren, bis das Wachs aufgelöst ist. Den öligen Restfleck mit Pfeifenerde oder Talkumpuder bestreuen und nach 1 bis 2 Tagen normal waschen.

Kirschen-, Himbeer- und Fruchtsaftflecken
Frische Flecken mit Seifenwasser auswaschen, danach für 12 Stunden in ein Vollmilchbad geben. Sind sie danach immer noch sichtbar, etwas Zitronensaft daraufgeben.

Klebstoff- und Leimflecken
Hierfür ist Aceton auf einem Schwamm auf den hart gewordenen Klebstoff aufzutragen. So wird dieser aufgelöst. Restliche Leimflecken mit Glycerin einreiben und gut in klarem Wasser ausspülen.

Kaugummi abkratzen

Das Textilstück wird über Nacht ins Gefrierfach gelegt und der Kaugummi am nachfolgenden Tag abgekratzt.
Oder aber man füllt Eiswürfel in einen Plastikbeutel, legt ihn auf den Kaugummi und kratzt diesen anschliessend ab.

Kopier- und Füllerflecken
Diese wasche man in heissem Salzwasser aus und tupfe sie dann mit Spiritus weg.

Kotflecken
Kotflecken werden in warmem Wasser mit Essigzusatz ausgewaschen.

Kragenflecken
Die beschmutzten Stellen mit einem mit Haarwaschmittel getränkten Malerpinsel bepinseln, über Nacht einwirken lassen und hiernach waschen. *Bei vergilbten Kragen:* Die betroffenen Stellen kräftig mit Kreide oder Talkumpuder einreiben. Die Prozedur mehrmals wiederholen, danach waschen.

Kugelschreiberflecken
Man entferne diese mit Spiritus.

Likörflecken
Frische Flecken ohne Zuwarten mit heissem Wasser auswaschen.

Lippenstiftflecken
Die Flecken mit Waschbenzin oder Glycerin wegtupfen.

Make-up-Flecken
Diese reibe man mit Brotkrümeln weg.

Mascaraflecken
Diese werden in warmem Wasser mit Zusatz von Schmierseife gut entfernt.

Milch- und Saucenflecken
Frische Flecken sind mit verdünntem Seifenspiritus zu entfernen. *Bei eingefressenen Flecken:* Etwas Glycerin auf den Fleck geben und einwirken lassen.

Nikotinflecken
Etwas mit Wasser verdünnten weissen Essig auf einen Schwamm geben und mit diesem den Fleck behandeln. Trocknen lassen und hiernach ausbürsten.

Obst- und Saftflecken
Diese begiesse man aus der Höhe mit einem dünnen Strahl kochenden Wassers.
Bei hartnäckigeren Flecken: Diese betupfe man leicht mit einem Tuch mit etwas Natron oder Backpulver. Oder aber man lege die Wäsche 1 Tag in Buttermilch und spüle sie hierauf gut aus.

Ölfarbenflecken
Nicht eingetrocknete Flecken lassen sich meist durch Betupfen mit Benzin oder Pinselreiniger entfernen.
Bei eingefressenen Flecken: Diese mehrmals mit einem Gemisch aus 2 Teilen Natron oder Backpulver und 1 Teil Terpentinöl behandeln.

Parfumflecken
Die betroffenen Stellen werden mit Seifenspiritus behandelt.

Regen- und Wasserflecken
Die Flecken lasse man austrocknen. Anschliessend bürste man sie aus.

Rostflecken
Diese sind mit Zitronensaft zu beträufeln und heiss zu bügeln, bis sie verschwinden. Oder aber Zahnpasta auf den Fleck geben und nach dem Trocknen ausbürsten. Auch dies tut seine Wirkung.

Rotweinflecken
Frische Flecken sofort mit Küchentuch aufsaugen und mit Salz bestreuen und etwa 12 Stunden liegen lassen. Danach normal waschen. Bei hellen Stoffen: Mit Sauerstoffbleiche in der Waschmaschine sauber waschen.

Russflecken
Diese werden mit etwas Spülmittel betupft und eine Stunde liegen gelassen. Hiernach auswaschen.

Salzflecken auf Leder
Diese lassen sich zum Verschwinden bringen, indem man etwas Weisswein- oder Obstessig auf einen feuchten Lappen gibt und das Leder damit abreibt.

Schmierölflecken
Margarine dick auf die betroffenen Stellen reiben und einziehen lassen. Hiernach die Margarine entfernen. Restlichen Fettfleck mit Pfeifenerde oder Talkumpuder bestreuen.

Schokoladenflecken
Diese wasche man in lauwarmem Seifenwasser aus. Hierauf klar nachspülen oder aber mit Zitronensaft beträufeln und gut nachspülen.

Schuhputzflecken
Diesen ist mit Terpentinöl beizukommen.

Schweissflecken
Aus weissen Stoffen entferne man diese mit einer Mischung aus 1 Teil Natron oder Backpulver und 1 Teil Spiritus.
Aus bunten Stoffen: Mit Essigwasser herauswaschen.

Senfflecken
Diese werden immer nur mit warmem Sodawasser behandelt.

Spinatflecken
Spinatflecken mit einer rohen Kartoffel gut abreiben und hiernach mit Seifenwasser auswaschen.

Stockflecken
Man entferne diese, indem man sie in Essig tauche.
Bei ganz alten Stockflecken: Mehrmals mit verdünntem Natron oder Backpulver betupfen.

Teeflecken
Diese sind in warmem Wasser, dem etwas Glycerin beigegeben wurde, auszuwaschen.

Tintenflecken
Frische Flecken sofort mit Salz bedecken, sodass die Tinte in das Salz einzieht.
Bei eingetrockneten Flecken: Diese in heissem Salzwasser waschen und mit Spiritus nachbehandeln.

Zuckerflecken
Mit handwarmem, abgekochtem Wasser ausreiben.

Bügeltipps – Es geht auch ohne Eisen

Optimierung

Bügeln

Klebendes Bügeleisen

Wachsreste in Haushaltspapier einwickeln und mit dem heissen Bügeleisen darüberbügeln. Hierauf einige Male abreiben und trocknen lassen.
Bei hartnäckigen Flecken: Die Unterseite des Bügeleisens mit einem Gemisch aus Salz und Essig bestreichen und einwirken lassen. Mit einem sauberen Tuch abreiben.

Optimiertes Bügelbrett

Alufolie unter den Schutzbezug legen. Die Folie reflektiert die Wärme. Auf diese Weise wird das Wäschestück von unten her mitgebügelt.

Dauerfalten beseitigen

Man tränke den Stoff in Essig und bügle die Falten mit dem warmen Bügeleisen aus. Dies empfiehlt sich auch bei alten Kanten von Saumverlängerungen.

Hosen dämpfen

Diese werden unter Zugabe von etwas Essig ins Wasser des Dampfbügeleisens oder in die Spritzflasche gedämpft. So behalten sie länger ihre Form.

Länger anhaltende Bügelfalten

Den Stoff besprühe man auf der Rückseite mit Wasser und bügle ihn hierauf wie üblich.

Zerdrückter Samt und Manchester

Mit dem Bügeleisen bedampfen, ohne dabei den Stoff zu berühren. Hiernach den Flor am feuchten Samt wieder aufrichten.
Bei arg zerdrückten Stoffen: Die florige Samtseite mit einem mit Petroleum beträufelten Lappen vorsichtig abreiben. Gut auslüften!

Kunstseide

Diese wird mit dem mässig heissen Bügeleisen immer nur feucht und auf der Rückseite gebügelt.

Ohne Eisen

Leinen
Das noch feuchte Leinen bügeln oder mit Wasser besprühen. Nur auf diese Weise wird es wirklich glatt.

Bunte Stickereien bügeln
Ein weisses, mit Essigwasser befeuchtetes Tuch auf die Rückseite der Stickerei legen und heiss auf der Rückseite überbügeln, bis es trocken ist. So bleiben die Farben farbecht.

Schwarze Textilien
Diese werden immer nur auf der Rückseite gebügelt. Hiernach erscheint das Schwarz umso intensiver.

Glätten ohne Plätten
Die Kleidungsstücke an die Duschstange hängen und die Dusche einige Minuten heiss laufen lassen. Durch den entstandenen Dampf werden die meisten Falten zum Verschwinden gebracht.
Bei seidenen Tüchern, Bändern und Spitzen: Nach dem Waschen nass auf eine Glas- oder Marmorplatte legen und glattstreichen.

Zerknitterter Gummimantel
Auf einen ungefärbten Bügel hängen und mit der Giesskanne oder unter der Badewannenbrause gründlich nass machen. Im Schatten langsam und ohne Anwendung von Wärme trocknen lassen.

Näh- und Stricktipps – Wo sich das Flicken lohnt

Stricken
Nähen

Aufgetrennte Strickwolle glätten
Die Strickwolle wird auf ein Brettchen gewickelt und mit warmem Wasser durchtränkt. An der Luft trocknen.

Strickmaschen halten
Die Nadelenden versehe man mit kleinen Korken. So wird das Abrutschen der Maschen von der Stricknadel vermieden.

Strickwolle waschen
Diese vor dem Stricken in heisses Wasser einlegen und nass zum Trocknen aufhängen. So läuft die Wolle später weniger ein.

Perfektes Wunderknäuel
Die Strick- oder Häkelwolle zu einem Riesenknäuel aufwickeln und kleine Überraschungen wie Süssigkeiten hineinknüpfen. Während des Strickens treten sie so allmählich zutage.

Dünne Stoffe nähen
Die Stoffe sind vor dem Nähen mit Papier zu unterlegen. Dieses lässt sich später leicht entfernen.

Dicke Stoffe nähen
Die Nahtstelle mit einer harten Seife einreiben. Hierauf gleitet die Nadel leicht durch den Stoff.

Grobes nähen
Bevor man Leder, Läuferstoffe oder Filz näht, wachse man den Faden mit Paraffin ein. Auf diese Weise wird die Naht um ein Vielfaches haltbarer.

Vorhänge kürzen
Die Vorhänge werden nie am Saum beim Bodenende gekürzt, sondern immer nur am oberen Stangenende. Unregelmässigkeiten fallen so weit weniger auf.

Fadenenden verknüpfen
Kurze Fadenenden sind mit einer feinen Häkelnadel leicht zu verknüpfen.

Flicken

Kleine Kleiderlöcher stopfen

Aus dem Stoff, der gestopft werden muss, Fäden aus dem Saum oder der Innennaht herausziehen und hiermit das kleine Loch flicken.

Allgemeine Tipps

Stopfhilfen

Fingerhandschuhe können mit einer Glasmurmel leicht gestopft werden. *Für Socken:* Mit kleinen Bällen stopfen. *Für das Maschinenstopfen:* Der brüchigen Stelle ein Stück Papier unterlegen. Dieses löst sich bei der nächsten Wäsche von alleine auf.

Klemmende und stockende Reissverschlüsse

Diese reibe man mit einem Bleistift oder mit ein wenig Seife ein. Hiernach gleiten sie wieder leicht.

Kaputte Reissverschlüsse

Die kaputte Stelle ist abzunähen. Allerdings ist dies nur beim unteren Ende erfolgreich zu bewerkstelligen.

Risse in Gummimänteln

Die Umgebung des Risses wird mit Sandpapier aufgeraut. Hiernach mit Velopneu-Pflaster überkleben.

Aufbewahren von Knöpfen, Ösen und anderen Dingen

Diese auf eine grosse Sicherheits-nadel aufziehen. So gehen sie nirgends verloren.

Ersatz für das Zentimetermass

Ein Streichholz ist immer genau 5 Zentimeter lang und eignet sich darum als Ersatz für das Zentimetermass.

Schuh- und Accessoirepflege

Flecken

Fleckige Lederschuhe

Diese werden wieder wie neu, wenn man sie mit einer halbierten Zwiebel reinigt. Hierauf mit einem weichen Lappen nachpolieren.

Fettflecken auf Schuhen

Einen Brei aus heissem Wasser und Pfeifenerde oder Babypuder anrühren und auf die Flecken geben. Trocknen lassen und hiernach ausbürsten.

Salzflecken auf Winterschuhen

Diese werden zum Verschwinden gebracht, indem man die Salzränder mit einem Lappen mit etwas Weissweinessig gut abreibt.

Schuhe einfach putzen

Man mische Backpulver oder Natron eins zu eins mit Wasser. Mit dieser Mischung auf einem Schwamm die Schuhe abreiben. Mit einem Tuch oder weichen Papier nachpolieren.

Wildlederschuhe reinigen

Schmutzstreifen und Regenflecken lassen sich mit einem sehr feinen Sandpapier wegreiben.
Zum Auffrischen: Die Schuhe ausgiebig putzen und hiernach über einen Topf mit kochendem Wasser halten. Das richtet den Flor wieder auf. Diesen anschliessend immer nur in eine Richtung bürsten.

Putzen

Lackschuhe putzen

Diese sind mit Speiseöl ein- und mit einer halbierten Zwiebel nachzureiben. So werden sie wieder zum Glänzen gebracht.

Turnschuhe putzen

Die Turnschuhe werden mit einem Topfschwamm und mit Seifen- oder Spülmittelwasser gereinigt. Vor dem ersten Tragen mit Imprägnierspray einsprühen.

Segeltuchschuhe

Teppichshampoo auf eine Bürste geben und hiermit die Schuhe putzen. Diese bleiben um ein Vielfaches länger erhalten, wenn sie vor dem ersten Gebrauch mit Imprägnierspray eingesprüht werden.

Atlas- und Brokatschuhe

Einen Brei aus Benzin und Magnesia anrühren und die Schuhe damit reinigen.

Weisse Stoffschuhe

Durch das Putzen mit einem Brei aus Wasser und Kreidepulver werden diese wieder einwandfrei sauber.

Pflegen

Lederschuhe glänzen lassen

Um diese zum Glänzen zu bringen, mische man der Schuhcreme einige Tropfen Petroleum bei und putze mit dieser Mischung die Schuhe. So glänzen sie wieder, und das Leder ist weniger brüchig.

Feuchte Schuhe und Stiefel rasch trocknen

Sollte an der Heizung kein Wärmekasten vorhanden sein, stopfe man feuchte Schuhe und Stiefel für ein rasches Trocknen gut mit Zeitungspapier aus und stelle sie vor die Heizung.

Zu enge Schuhe

Ein altes Handtuch in kochendem Wasser einweichen und hierauf auswringen. Die Schuhe innen mit Olivenöl einreiben, aussen einige Minuten in das Handtuch einwickeln und, über Schuhspanner gezogen, eine Nacht stehen lassen. Oder aber mit feuchten Socken eine Stunde lang mit den Schuhen herumlaufen. Hiernach drücken sie nicht mehr.

Brennende Zehen

Einen kleinen Leinenlappen fest in die Schuhspitze drücken. Schon am darauffolgenden Morgen ist die Gerbsäure herausgesogen, die das Brennen der Zehen verursacht hat.

Brennende Fusssohlen
Etwas Spiritus auf die Innensohle des Schuhs reiben. So wird das schmerzhafte Brennen verhindert.

Unzerreissbare Schuhbändel
Diese sind vor dem ersten Gebrauch in flüssige essigsaure Tonerde einzulegen.

Rutschfeste Ledersohlen
Die Ledersohlen sind mit Sandpapier anzuschleifen. So werden sie rutschfest.

Knickfreie Schafte
Eine mit Wasser gefüllte Plastikflasche oder eine gerollte Zeitung in den Stiefel stellen. So wird das Knicken des Schaftes gänzlich verhindert.

Stinkende Lederschuhe
Die Schuhe sind nach dem Tragen mit Baby- oder Talkumpuder auszupudern. Auch ein Pfefferminzbeutel im Schuh tilgt den Schweissgeruch.

Taschen

Alte Taschen wieder zum Glänzen bringen
Alte Taschen mit Zitronensaft abreiben und hiernach mit einem Lappen gut trocken reiben.

Staubige Strohhüte

Diese werden nicht mit
der Bürste, sondern
mit einem Stückchen Samt
abgerieben. So erhält
das Stroh seine Schönheit
zurück.

Taschen aufbewahren
Leder- und Wildledertaschen immer nur in alten Kopfkissenbezügen aufbewahren. So bleibt das Leder dauerhaft schön.

Schweissflecken auf Ledertaschen
Man befeuchte einen weichen Lappen mit einer Mischung aus einigen Tropfen Milch und Essig. Damit den Fleck vorsichtig wegreiben.

Hüte

Helle Filzhüte
Diese gewinnen neues gutes Aussehen, wenn man sie mit einem weissen Seidenpapier abreibt.

Handschuhe

Lederhandschuhe
Etwas Rizinusöl auf einen Lappen geben und die Handschuhe damit einreiben. Danach von Hand durchkneten.

Lederhandschuhe weiten
Diese lege man vor dem Tragen einige Stunden in ein feuchtes Tuch und ziehe sie an. So werden sie dehnbar und passen sich den Händen gut an.

Glacéhandschuhe reinigen
Die Handschuhe anziehen. Einen Wattebausch mit Reinigungsbenzin tränken und sie sorgfältig damit abreiben.

Wildlederhandschuhe waschen
Lauwarmem Seifenwasser gebe man 1 Esslöffel Weichspüler zu und vermische dies gut. Die Handschuhe mit dieser Lösung waschen und mit Frotteehandtuch gut abtrocknen und im Kühlen zum Trocknen bringen. Die Handschuhe während des Trocknens immer wieder leicht zusammendrücken und auseinanderziehen, damit das Leder weich bleibt.

Flecken auf Wildlederhandschuhen
Diese können mit einem feuchten Sandpapier sorgfältig weggerieben werden.

Wollene Handschuhe imprägnieren
Die Handschuhe 2 Stunden in 1 Liter Wasser unter Zusatz von 2 Esslöffeln essigsaurer Tonerde einlegen.

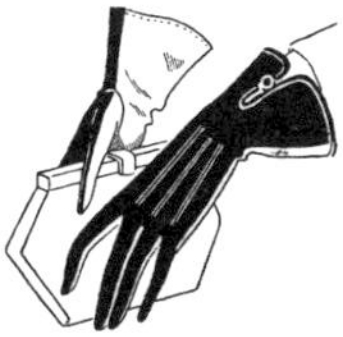   

Grau und farblos gewordene Regenschirme
Diese sind mit Spiritus abzubürsten. So schimmern sie wieder seiden.

Nasse Schirme
Diese werden leicht geöffnet zum Trocknen gebracht, ansonsten bekommen sie Wasserflecken und fangen an, schlecht zu riechen. Ausserdem wird bei vollständigem Aufspannen der nasse Stoff zu sehr gedehnt und reisst.

Flecken auf Schirmen
Diese betupft man mit Gallseifenschaum und spült hierauf gut nach.

Durchlässige Stellen an Regenschirmen
Die durchlässigen Stellen werden wieder dicht, indem man den Regenschirm in essigsaure Tonerde taucht.

Beschlagene Brillengläser
Brillengläser beschlagen weniger, wenn man sie mit Glycerin oder reinem Alkohol reinigt. Mit einem Lederläppchen nachpolieren.

Pelzfutter reinigen
Etwas Talkum- oder Babypuder auf das Futter von Handschuhen, Schuhen und Mützen streuen und einige Stunden einwirken lassen. Hierauf gut ausschütteln.

Das Backen auf Gas.

Preis: Fr. 22.— für Gas u. Petrol
„ 25.— „ Holz u. Kohle

Untersatz für den Gebrauch des Apparates auf Holz u. Kohle Fr. 3.—

Alles im „Record-" Back- u. Bratapparat gebacken!

Der „Record" fördert das Backen im Haushalt, weil das Backen u. Braten darin einfacher, leichter u. vor allem **billiger ist als im gewöhnlichen Backofen.**

Der „Record" gestattet die Verwendung jeder vorhandenen Backform bis zu 28 cm. Durchmesser. Er backt 3 Kuchen oder 2 Torten auf einmal. Er enthält einen Bratrost zum Braten von Geflügel u. Fleisch (Roastbeef etc.)

Der „Record" ermöglicht die Bereicherung Ihres Speisezettels u. spart Ihnen dazu noch Geld. Er ist der einzige aufstellbare Backapparat, welcher auf die Dauer befriedigt, u. welcher auch den Bedürfnissen grösserer Familien entspricht.

Das Backen auf Holz u. Petroleum.

Allgemeine Tipps und Tricks rund ums Essen

Getränke und Speisen kühl halten
Das Gefäss mit einem nassen, ausgewrungenen Tuch umwickeln und möglichst in die Zugluft stellen.

Metallene Löffel
Diese schaden dem Geschmack, wenn sie zur Aufbewahrung in den Speisen bleiben. Beim Kochen leiten sie einen grossen Teil der Wärme aus dem Topf ab.

Fettfreier Kochlöffel
Fett bleibt nicht am Holzlöffel haften, wenn man diesen vor dem Gebrauch kurz in kaltes Wasser taucht.

Angebrannte Speisen
Das Anbrennen der Speisen wird verhindert, indem man eine Glasmurmel in den Topf legt und sie kurz vor dem Anrichten wieder entfernt. Das Rollen der Murmel bewirkt, dass sich die Speisen bewegen, anstatt kleben zu bleiben und anzubrennen.

Aufgewärmte Speisen
Damit diese nicht aufgewärmt schmecken, erwärme man sie im Wasserbade.

Angebrannter Reis
Reis brennt nicht an, wenn man ihn zunächst nur wenig kocht und hiernach in einem Sieb über einen Topf mit kochendem Wasser hängt. So dünstet der Dampf den Reis gut zu Ende.

Fonduegenuss ohne Scheuerfrust
Nach dem Fonduemahl das Caquelon und die Fonduegabeln über Nacht in kaltem Wasser einweichen. Am darauffolgenden Morgen ist der verkrustete Käse leicht zu entfernen.

Bratgeruch im Ofen
Dieser wird verhindert, indem man während des Bratens eine flache Schüssel mit Wasser auf den Ofenboden stellt.

Teigwaren kochen
Damit diese nicht aneinanderkleben, mischt man sie sofort mit der Sauce. Ein wenig Nudelwasser einrühren, das macht sie schön sämig. Der herkömmlichen Tomatensauce ausserdem immer 1 bis 3 Lorbeerblätter beifügen. Diese sorgen für besonderen Wohlgeschmack.

Knoblauch einfach schälen
Die Knoblauchzehe mit der Messerkante zusammendrücken, so lässt sie sich leicht schälen.

Spritzfreies Anbraten
Fett spritzt beim Anbraten nicht unangenehm, wenn man etwas Salz in die Pfanne gibt.

Weinreste
Diese werden in einen Eiswürfelbehälter abgefüllt. In der nächsten Sauce geben sie den Wein zum Würzen ab.

Salz

Klumpendes Salz im Salzstreuer
Einige Reiskörner hinzufügen. So wird das Salz nicht feucht und klumpt auch nicht.

Versalzene Speisen retten
Versalzene Speisen können gerettet werden, wenn man noch während des Kochens eine gewürfelte Kartoffel oder ein Stück Naturschwamm beigibt.

Fleisch und Fisch

Hühnerbouillon kochen
Das Auskochen der Hühnerknochen ergibt eine bekömmliche Hühnerbouillon, die eingefroren wird und bei Bedarf ein wunderbares Stärkungsmittel bei vielen Krankheiten ist.

Zartes Huhn
Das Huhn ist vor dem Braten oder Kochen mit Zitronensaft einzureiben. So wird es vorzüglich munden.

Hühnerschenkel durchbraten
Man sticht mit einem spitzen Messer in den Schenkel. Ist der austretende Saft klar, sind die Schenkel gar.

Angebrannter Braten
Dieser wird wieder einwandfrei, wenn man ihn nach dem Abschneiden der angeschwärzten Stellen mitsamt der Sauce in einen frischen Topf gibt und unter Beifügung einer Prise Natron zu Ende brät.

Knuspriger Braten
Nebst Öl oder Fett nach dem Anbraten ein Stück Butter in den Bräter geben.

Aufgewärmter Braten
Man lege den kalten Braten auf ein eingefettetes Pergamentpapier oder auf eine Alufolie und wärme ihn im Backofen auf. So wird er wieder so schmackhaft wie beim ersten Braten.

Platzen von Bratwürsten
Das Platzen wird vermieden, wenn man die Bratwürste beim Anbraten einige Male mit einer Gabel einsticht oder mit Mehl bestäubt.

Schimmel an Würsten und Schinken
Dieser wird vermieden, indem man die Würste oder den Schinken mit einem dünnen Brei aus Salz und Wasser bestreicht. So bildet sich eine schimmeltötende Salzkruste.

Alter Speck und Schinken
Zäh gewordener Speck oder Schinken wird wieder vorzüglich zart, wenn man ihn kurz in heisses Wasser taucht.

Salami schälen
Diesen kurz unter kaltes Wasser halten und hierauf abtrocknen. So lässt sich die Haut leicht abziehen.

Ist der Fisch noch frisch?
Ob ein Fisch frisch ist, lässt sich ablesen, wenn man ihn ins Wasser legt. Sinkt er ab, darf er bedenkenlos zubereitet werden. Steigt er auf, ist er bereits schlecht geworden. Trübe Augen sind auch kein gutes Zeichen. Oder aber man drückt mit dem Finger auf das Fleisch des Fisches. Bleibt der Abdruck zurück, so ist er reichlich alt. Verschwindet er rasch, ist der Fisch frisch.

Fisch braten
Für eine schöne braune Kruste streue man ein wenig Salz in das Bratfett. Den Fisch erst kurz vor dem Braten oder Kochen zusätzlich einsalzen, sonst verliert er zu viel Saft.

Fischgeruch vermeiden
Dieser wird beim Kochen vermieden, indem man ein in Essig getränktes Tuch zwischen den Deckel und den Topf legt.

Fisch aufbewahren
Den Fisch im Kühlschrank in ein in Essig getunktes, feuchtes Tuch einwickeln.

Alte Kartoffeln
Alte Kartoffeln werden wieder bekömmlich, wenn man ihnen beim Kochen etwas Essig beigibt.

Kartoffeln

Angebrannte Kartoffeln
Diese können gerettet werden, indem man sie noch einmal in kaltem Wasser aufsetzt und erhitzt. Nach dem Aufkochen unverzüglich abgiessen. Hiernach die angebrannten Flächen abziehen oder wegschneiden.

Alte Kartoffeln kochen
Hierfür ist ein wenig Milch in das Kochwasser zu giessen. So wird das Dunkelwerden der Kartoffeln vermieden und der Geschmack verbessert.

Kartoffeln richtig kochen
Die Kartoffeln nicht ins kalte Wasser, sondern erst ins kochende Wasser geben.

Wässrige Kartoffeln
Diese werden wieder schön mehlig, wenn man sie einige Stunden auf der Heizung trocknen lässt.

Kartoffeln schälen
Weil die wertvollsten Stoffe unter der Schale sind, werden Kartoffeln dünn geschält.

Kartoffeln in Scheiben schneiden
Kartoffeln schneidet man am leichtesten mit dem Eierschneider in Scheiben.

Aufgeschnittene Kartoffeln aufbewahren
Aufgeschnittene Kartoffeln in eine Schüssel mit Wasser und einigen Spritzern Essig legen und in den Kühlschrank stellen.

Karotten putzen
Dies gelingt leicht mit einem Metalllappen aus Drahtgeflecht.

Schnecken und Insekten am Gemüse
Das Gemüse, vor allem alle Kohlarten, 15 Minuten in starkes Salzwasser einlegen. Schnecken und Insekten fallen hierauf ab. Danach normal kochen.

Blumenkohl weiss kochen
Um den Blumenkohl schön weiss zu halten, gebe man dem Kochwasser ein wenig Zucker oder Milch bei.

Gemüse

Guacamole

Diese wird nicht braun, wenn der Stein der Avocado bis zum Verzehr in der Guacamole belassen wird.

Avocadokerne entfernen

Das Messer mit Schwung in den Stein schlagen. Hierauf die Avocado an der Haut halten und den Stein durch rasches Hin- und Herbewegen des Messers herauslösen.

Unreife Avocado

Unreife Avocados reifen schneller, wenn sie in etwas Mehl aufbewahrt werden.

Gurkensalat

Die geschälte Gurke wird mit kochendem Wasser abgebrüht und mit kaltem Wasser abgeschreckt. Erst dann schneiden. So verträgt sich die Gurke auch leichter im Magen. Etwas Dill in der Sauce macht die Gurke leichter verdaulich.

Ingwer schälen

Statt mit dem Messer diesen mit einem Scheuerschwamm oder Metalllappen abschälen.

Alte Tomaten

Schrumpelige Tomaten munden wieder, wenn sie 1 bis 2 Stunden in kaltes Wasser eingelegt werden.

Tomaten und Peperoni schälen

Diese kurz in kochendes Wasser geben. Danach lässt sich die Haut besser abziehen.

Welkes Gemüse

Dieses zunächst 15 Minuten in handwarmes und hiernach 30 Minuten in kaltes Wasser legen. So wird das Gemüse wieder vorzüglich frisch.

Welke Radieschen

Diese werden wieder frisch, wenn man sie für eine Stunde ins kalte Wasser legt.

Welker Kopfsalat
Diesen bekommt man wieder frisch, wenn er für 30 Minuten in einer Schüssel mit kaltem Wasser und etwas Zitronensaft in den Kühlschrank gestellt wird.

Weiche Erbsen, Bohnen und Linsen kochen
Damit diese zügiger weich werden, gebe man beim Kochen etwas Natron zu.

Grüne Kohlrabiblätter
Diese sind wie Spinat zuzubereiten und mit den Knollen anzurichten. Sie besitzen neben Spinat den grössten Eisengehalt.

Küchenkräuter richtig trocknen
Küchenkräuter immer nur im Schatten, niemals an der Sonne trocknen.

Petersilie zerkleinern
Dies geschieht am leichtesten mit einer Schere.

Zwiebeln schneiden
Damit die Augen nicht tränen, die Zwiebel vor dem Schneiden 5 Minuten ins Gefrierfach legen. Es hilft auch, wenn man die Zwiebel direkt neben einem Wasserhahn, aus dem kaltes Wasser fliesst, schneidet.

Früchte

Unreife Pfirsiche
Diese reifen in einer verschlossenen, braunen Papiertüte gut nach.

Orangen schälen
Schwer zu schälende Orangen kurz in kochendes Wasser legen. Hierauf gelingt das Schälen leicht. Die weissen Häutchen können auf dieselbe Weise entfernt werden.

Ergiebigere Zitronen
Zitronen werden um ein Vielfaches ergiebiger, wenn man sie vor dem Gebrauch einige Minuten in warmes Wasser legt.

Nüsse

Kirschstein entfernen
Einen Gänsekiel gerade schneiden und den Stein mit dem Stielende zur anderen Seite herausstossen. Mit einer Maschine geht dies kaum so leicht vonstatten.

Hagebutten verwenden
Diese sind im Oktober reif abzulesen, zu entkernen und zu trocknen. So bleiben sie lange haltbar.
Für einen Tee: Die Früchte so lange kochen, bis eine schöne rote Färbung entsteht.
Für eine Suppe: Die Hagebutten in Wasser weich kochen, verquirlen, durch ein grosses Mehlsieb reiben, mit Griess andicken und hierauf mit Zitrone oder Vanille würzen oder mit einem Eigelb verquirlen.

Granatapfelkerne herauslösen
Den Granatapfel quer halbieren und die Kerne in einer mit kaltem Wasser gefüllten Schüssel herauskratzen. Die Häutchen schwimmen dann obenauf und können einfach entsorgt werden.

Äpfel in der Früchteschale
Äpfel nie neben andere Früchte legen, da diese sonst zu schnell faulen.

Aprikosenkonfitüre
In jedem eingemachten Glas einen Aprikosenstein belassen. Auf diese Weise wird die Konfitüre um einiges schmackhafter.

Mandeln hacken
Diese springen beim Zerhacken nicht davon, wenn man ihnen etwas Zucker unterstreut.

Alte Nusskerne
Diese sind kurz in Salzwasser zu brühen und hierauf erkalten zu lassen. So lässt sich die bittere Haut leicht abziehen, und die Kerne munden wieder frisch.

Geronnene Buttercreme
Diese wird wieder gut gebunden, indem man zügig 1 Esslöffel kochendes Wasser einrührt.

Fett und Öl

Ranzige Butter
Diese wird wieder schmackhaft, wenn man sie mehrmals kräftig mit Natronwasser durchknetet. Erhitzt über Teigwaren gegossen, ist ranzige Butter ohne Zugabe von Natronwasser gut geniessbar.

Harte Butter
Damit die Butter schneller weich und schaumig gerührt werden kann, an einer Gemüseraffel reiben.

Altes Backfett
Man lasse eine kleine, geschälte rohe Kartoffel leicht mit dem Backfett aufkochen, denn diese zieht den unangenehmen Geschmack aus dem Fett.

Mayonnaise
Diese gerinnt nicht, wenn sie an einem warmen Ort zubereitet wird. In bereits geronnene Mayonnaise kann tropfenweise heisses Wasser gerührt werden.

Eier

Frischetest für Eier
Ob ein Ei frisch ist, erkennt man folgendermassen: Sinkt es in einem mit Wasser gefüllten Glas ab, so ist es frisch. Schwimmt es aber obenauf, so ist es bereits verdorben.

Eier aufbewahren
Diese sind im Kühlschrank bis zu 2 Wochen haltbar. Immer auf den Kopf stellen.

Gekochtes oder rohes Ei
Das Ei auf einem Tisch kreisen lassen: Wenn es sich ruhig um die eigene Achse dreht, so ist es gekocht. Tut es das nicht, so ist es roh.

Gefrorene Eier
Diese werden geniessbar, wenn man sie 1 bis 3 Stunden in kaltes Wasser legt.

Eiweiss schlagen
Dieses nie in einem Aluminiumgefäss schlagen. Ansonsten wird es kaum steif. Besonders schönen Eischnee erhält man durch die Zugabe von einer Prise Salz.

Eier richtig kochen
Damit die Eier nicht platzen, gebe man dem Kochwasser etwas Salz oder Essig bei.

Eier schälen
Diese lassen sich leicht schälen, wenn sie gleich nach dem Kochen kalt abgeschreckt werden.

Eiweiss retten
Falls ein Eigelb in das zu schlagende Eiweiss gerutscht ist, lässt es sich mit einer sauberen Petflasche wieder herausziehen. Flasche zusammendrücken, am Eigelb ansetzen und den Druck auf der Flasche lösen. So wird das Eigelb angesaugt.

Brot

Altes Brot
Das alte Brot über Nacht in ein feuchtes Tuch einwickeln und hierauf im Backofen 5 Minuten bei mittlerer Temperatur aufbacken. So wird es wieder knusprig. *Noch schneller:* Den Laib nass machen und ihn kurz aufbacken.

Rahm schlagen
Achtung: Den Rahm nie in einer Aluminiumschüssel schlagen!

Süsses

Pudding
Das unschöne Bilden einer Haut wird vermieden, indem man vor dem Erkalten etwas Zucker über den Pudding streut.

Puderzucker selber herstellen
Man streue gewöhnlichen Zucker zwischen zwei Servietten und bügle hierauf mit einem mässig warmen Bügeleisen einige Male darüber, bis der Zucker vollständig zu Pulver geworden ist.

Weisser Puderzucker
Puderzucker wird strahlend weiss, wenn er in Milch anstatt in Wasser angerührt wird.

Versüsste Speisen
Wenn zu viel Zucker in die Speise gelangt ist, hilft 1 Teelöffel Zitronensaft. Dieser bindet den Zucker.

Back den Kuchen – Backtipps

Zutaten

Weinbeeren und Mandeln gleichmässig verteilen
Diese sind mit etwas Mehl zu verrühren und erst zuletzt in den Teig zu geben. So sinken sie nicht alle auf den Boden der Schüssel.

Hefe prüfen
Man gebe etwas Hefe in ein Glas Wasser. Steigt sie hoch, so ist die Treibkraft ausreichend.

Torten und Kuchen schneiden
Dieses geht leicht, wenn man das Messer zuvor in heisses Wasser taucht.

Klumpiges Mehl
Das Klumpen von Mehl wird vermieden, indem man dem Wasser oder der Milch beim Anrühren eine Prise Salz beimischt.

Schwerer Teig
Dieser wird luftiger, wenn man ein wenig kohlensäurehaltiges Mineralwasser beifügt.

Fruchtkuchen
Den Teig mit Eiweiss bestreichen, bevor er mit den Früchten belegt wird. So wird er nicht weich.

Hautbildung beim Blätterteig
Um diese zu vermeiden, streiche man etwas Öl auf den Teig, bevor man die Früchte, das Gemüse oder die Füllung darauf verteilt.

Luftiger Teig
Stellt man beim Kuchenbacken eine Schüssel mit Wasser in den Ofen, wird der Kuchen luftiger.

Teig

Teig gleichmässig rollen
Um diesen gleichmässig dick auszuwallen, zwei gleich dicke Hölzchen oder Karton auf beiden Seiten unter das Wallholz legen.

Teig an Rühr- oder Knethaken
Damit der Teig beim Mixen nicht die Rühr- oder Knethaken hochklettert, diese mit etwas Öl bepinseln.

Zu wenig Eier

Für den Kuchen: Ab vier benötigten Eiern kann 1 Esslöffel Essig eines der vier Eier ersetzen. Der Geschmack wird nicht beeinträchtigt.

Backpulver vergessen

Ist kein Backpulver zur Hand, kann man sich mit etwas Rum behelfen. Dem Teig sind dann 3 bis 4 Esslöffel beizugeben. Hierauf geht dieser dennoch auf.

Saftiger Schokoladenkuchen

Dem Teig 1 Kaffeelöffel Essig beigeben. So wird er vorzüglich saftig und leicht.

Gut vom Blech gleitender Kuchen

Die Backform mit Fett anstelle von frischer Butter einreiben und hierauf leicht mit Mehl bestäuben. Oder aber das heisse Blech oder die Form auf ein nasses, kaltes Tuch stellen und darauf erkalten lassen.

Getränke süffiger machen

Tricks

Getränke kühlen

Ein Tuch oder Küchenpapier nässen und in den Kühlschrank stellen. So wird das Getränk innert Kürze kalt. *Im Freien lassen sich Getränke folgendermassen kühlen:* Eine dicke Socke mit kaltem Wasser nässen. Die Flasche hineinstecken und an die Sonne legen. Durch die Wasserverdunstung erkaltet das Getränk wieder.

Geschmack

Schäumchen für den Kaffee

Bei der italienischen Hand-Espressomaschine: Vom ersten aufgestiegenen Kaffee 2 Löffel abschöpfen und mit 2 Löffel Zucker vermengen, bis es schäumt. Hierauf den Schaum in den restlichen Kaffee geben.

Alter Kaffee

Dieser mundet wieder, wenn beim Aufgiessen für jede Tasse ein Korn Salz beigegeben wird.

Schal gewordener Sekt

Einen Silberlöffel in den Flaschenhals stellen. So behält der Sekt über Stunden hinweg seinen wonnigen und prickelnden Geschmack. *Bei schalem Sekt:* Eine Weinbeere in die Flasche geben. Hierauf schäumt der Sekt wieder.

Leitungswasser schmackhafter machen

Dies geschieht, indem man einen oder mehrere Bergkristalle in den Wasserbehälter legt. Besonders schmackhaft wird Leitungswasser, wenn man einige Scheiben Salatgurke oder einen Zweig Rosmarin hinzugibt.

Tee schmackhafter machen

Die Teeblätter 10 Minuten auf einem unbenutzten Papierbogen ausbreiten und vor dem Aufbrühen in die warme Ofenröhre oder auf die Heizung legen.

Aromatischer Tee
Eine Vanilleschote in der Teedose führt zu einem besonders schmackhaften Aroma.

Überkochende Milch
Dem Überkochen der Milch ist beizukommen, indem man dieser 1 Teelöffel Zucker beifügt.

Richtig aufbewahren

Importwaren

Kakao
Kakao wird in einem Porzellangefäss aufbewahrt und nicht in der Verpackung. So bleibt der gute Geschmack erhalten.

Kaffee
Damit Kaffee sein gutes Aroma behält, sollte er immer nur im Kühlschrank aufbewahrt werden.

Vanilleschoten
Diese bleiben länger frisch, wenn sie mit etwas Zucker bedeckt und in einem geschlossenen Glas aufbewahrt werden.

Weinbeeren
Diese sind nie in Papiertüten aufzubewahren, da sie sonst leicht feucht werden. Hingegen eignen sich zur langlebigen Lagerung Keramik- oder Blechdosen.

Baumnüsse
Eine dicke Lage weissen Sand in einen Steintopf geben. Hierauf die nicht geschälten Baumnüsse dazugeben und mit Sand zuschütten. An einem kühlen Ort lagern.

Mehliges

Brot aufbewahren
Man gebe einen Apfel in die Brotdose und lege das Brot, in ein Leinentuch gewickelt, hinzu. So behält es vorzüglich seinen Geschmack.
Angeschnittenes Brot: Die Schnittfläche mit feuchtem Pergamentpapier bedecken.
Das Brot bis zu 5 Wochen aufbewahren: Hierbei empfiehlt sich die Aufbewahrung in einem Mehlsack, der noch etwas Mehl enthält. Das überschüssige Mehl vor dem Verzehr abbürsten.

Kuchen und Kleingebäck frisch halten
Hierfür sei ein Apfel in eine Blechbüchse zu legen und der Kuchen oder das Kleingebäck hinzuzufügen.

Mehlwürmer und Maden in Mehl und Gemüse
Diese werden vermieden, indem man dem Mehl und Gemüse vor dem Lagern etwas Salz beigibt.

Weihnachtsgebäck aufbewahren
Weihnachtsgebäck nach Sorten trennen, dann vermischen sich die verschiedenen Aromen nicht. In gut verschliessbare Behälter geben und an einem kühlen Ort aufbewahren.

Trockenes Gebäck
Ist das Gebäck trocken geworden, dieses mit 2 bis 3 Apfelschnitzen für 2 bis 3 Tage in eine verschlossene Dose legen. Dadurch wird es wieder feuchter.

Butter und Käse

Butter
Butter bleibt wochenlang gut geniessbar, wenn man sie vollständig mit abgekühltem Salzwasser bedeckt aufbewahrt.

Käse
Dieser schimmelt nicht, wenn er in einem in Essig getränkten Tuch aufbewahrt wird. Oder aber in ein Pergamentpapier einwickeln und ein mit Salzwasser angefeuchtetes Tuch darum legen. So lässt sich auch hart gewordener Käse wieder weich machen.
Bei Parmesankäse: Dieser behält monatelang seinen Wohlgeschmack, wenn man ihn mit Salz bedeckt aufbewahrt.

Glacé aufbewahren
Damit Glacé im Gefrierfach nicht kristallisiert, die Packung in einem verschliessbaren Plastikbeutel ins Eisfach stellen.

Eier

Frisches Eigelb
Nicht verwendetes Eigelb bleibt tagelang geniessbar, wenn man es in eine Tasse gibt und vorsichtig mit kaltem Wasser übergiesst.

Eier

Diese bleiben über 1 Jahr lang frisch, wenn 3 bis 5 Eier in einem Netz 4 bis 5 Sekunden lang in kochendes Wasser gehängt werden. Dadurch wird das Häutchen in der Schale luftdicht. In einer Kiste in Holzhäcksel aufbewahren.

Kräuter

Gewürze und Kräuter einlegen

Diese sind frisch in Olivenöl einzulegen und in die Kälte eines Kühlschranks oder Kellers zu geben. Getrocknete Gewürze und Kräuter in einem gut verschlossenen Gefäss aufbewahren.

Gewürzkräuter tiefkühlen

Gewürzkräuter wie Schnittlauch, Petersilie, Thymian, Oregano etc. gehackt in einen Eiswürfelbehälter legen und etwas Olivenöl darübergiessen. Diese Kräutereiswürfel kann man dann direkt in die Speisen geben.

Gemüse

Geschnittenes rohes Gemüse aufbewahren

In einem mit Essigwasser gefüllten Gewürzgurkenglas kann dieses leicht bis zu 5 Tagen aufbewahrt werden.

Kartoffeln lagern

Diese werden im Keller auf die Erde ausgeschüttet. In Jahren, in denen sie zur Fäulnis neigen, lagenweise Holzkohlenstaub dazwischenstreuen.

Kartoffeln aufbewahren

Aufgeschnittene Kartoffeln in eine Schüssel mit kaltem Wasser und einigen Spritzern Essig legen. Hernach in den Kühlschrank stellen.

Avocado aufbewahren

Aufgeschnittene oder pürierte Avocadoreste mit Zitronensaft beträufeln und mit einem Teller oder Frischhaltefolie bedecken. Den Kern dazulegen, damit das Avocadofleisch nicht braun wird.

Gemüse aufbewahren
Gemüse hält um einiges länger, wenn es in Zeitungspapier und nicht in Plastik eingewickelt wird. Es empfiehlt sich, auch den Boden des Gemüsefachs im Kühlschrank mit Zeitungspapier auszulegen.

Geschnittenes Gemüse aufbewahren
Geschnittenes Gemüse in einen verschliessbaren Behälter geben und mit Wasser und etwas Essig auffüllen. So kann es bis zu 5 Tage im Kühlschrank aufbewahrt werden.

Kohlkopfarten lagern
Die Aussenblätter entfernen und den Kohl im luftigen Keller in einer dicken Schicht Sand lagern. So hält er sich leicht den ganzen Winter über frisch.

Frische Gurken aufbewahren
Die Gurken sind mit der Stielseite nach unten ins Wasser zu stellen. Sie sollten dabei zu zwei Dritteln herausragen. Das Wasser täglich erneuern.

Geschälte Spargeln aufbewahren
Diese bleiben gut bis zu 3 Tage frisch, wenn sie in ein in Essig getränktes Küchentuch eingewickelt werden.

Petersilie aufbewahren
Petersilie kann man gewaschen und getrocknet in einem verschlossenen Glasbehälter leicht für den Winter aufbewahren.

Knoblauch aufbewahren
Geschälte Knoblauchzehen in einem verschlossenen Plastikbeutel ins Eisfach legen. Oder in Öl einlegen, dadurch bleiben sie frisch.

Salat aufbewahren
Bereits geschnittener und gewaschener Salat kann für kurze Zeit frisch gehalten werden, indem man ihn mit einem Küchenpapier abdeckt und Frischhaltefolie darüberzieht.

Früchte

Angeschnittene Früchte
Sofort nach dem Aufschneiden Zitronensaft über die Früchte träufeln und in Frischhalte- oder Alufolie gewickelt in den Kühlschrank legen.

Zitronen aufbewahren
Die Zitronen einzeln in feines Seidenpapier einwickeln und an einem kühlen Ort in Sand legen. So bleiben sie über einige Monate gut haltbar.

Angeschnittene Zitrone
Die Zitrone mit der Schnittfläche nach unten auf einen mit Zucker bestreuten Teller legen. So bleibt sie saftig frisch.

Angeschnittene Bananen
Damit Bananen nicht braun werden, beträufle man die Schnittfläche mit etwas Zitronensaft.

Äpfel, Birnen und Pflaumen
Diese werden zum Überwintern im Keller auf Holzstellagen gelegt. Die Stiele sollten immer nur nach oben zeigen. Die Früchte dürfen sich hierbei nicht berühren.

Kirschen
Kirschen bleiben bis Neujahr geniessbar, wenn sie mit Handschuhen gepflückt wurden und nicht mit der Hand.

Flüssiges

Angebrochene Getränke aufbewahren
Man verschliesse die Flasche gut und stelle diese im Kühlschrank auf den Kopf. So bleibt die Kohlensäure weiter erhalten.

Speiseöl
Damit es nicht ranzig wird, darf es nie verkorkt aufbewahrt werden. Nur mit einem Leinenläppchen zubinden und möglichst an einem dunklen Ort aufbewahren. Verkorkt wird immer nur das Olivenöl. Eine Prise Salz in die Flasche geben, so bleibt es länger frisch.

Olivenöl
Olivenöl immer in dunklen Flaschen und verkorkt oder gut verschlossen an dunklen Orten lagern.

Leicht verderbliche Flüssigkeiten

Werden diese nicht zur Gänze aufgebraucht, fülle man sie in eine Flasche und verschliesse diese fest mit einem durch warmes Wasser gezogenen Gelatineblatt. So ist der Verschluss luftdicht.

Wurst

Diese bleibt auch angeschnitten frisch, wenn man die Schnittfläche mit Schweineschmalz bestreicht. Das Schmalz kann wiederverwendet werden.

Angeschnittener Schinken

Die Schnittfläche ist mit rohem Eiweiss zu bestreichen. So bleibt der Schinken lange frisch.

Rohes Fleisch

Rohes Fleisch darf nie auf einem Holzbrett aufbewahrt werden. Ansonsten nimmt es zügig jeden fremden Geschmack an. Stattdessen auf Keramikgeschirr aufbewahren.

Gehacktes Fleisch

Dieses bleibt länger genussfähig, wenn man es mit Salz vermengt.

Fisch frisch halten

Jeder Fisch hält sich gut frisch, wenn man ihn in ein in Essig getränktes, feuchtes Tuch einschlägt.

Küchenmasse

Gewichte und Küchenmasse

1 Esslöffel	=	3 Kaffeelöffel
1 Liter Flüssigkeit	=	5 gefüllte, kleine Wassergläser
1 Esslöffel	=	20 Gramm Salz
		15 Gramm Zucker
		10 Gramm Mehl
		10 Gramm Stärke
		15 Gramm Öl
		20 Gramm Reis
		10 Gramm Griess
		10 Gramm Mais
1 volle Kaffeetasse	=	100 Gramm Mehl
		150 Gramm Griess
		150 Gramm Zucker
		175 Gramm Reis

Allgemeine Gartentipps

Gewusst, wie

Gartenhände schützen
Vor der Gartenarbeit mit den Fingernägeln über ein trockenes Stück Seife kratzen. Sie lassen sich danach gut säubern.

Gartenhände säubern
Diese vor der Gartenarbeit mit Naturjoghurt einstreichen, kurz einwirken lassen und danach mit Küchenpapier abwischen. Zu guter Letzt den Saft einer Zitrone einmassieren. Nicht abspülen. Oder aber die schmutzigen Gartenhände mit einem Rhabarberblatt leicht reinigen.

Giessen im Garten
Immer nur abends giessen und nur mit abgestandenem Wasser oder mit Teichwasser. Frisches Brunnen- oder Leitungswasser bekommt den Pflanzen weniger.

Rankender Wein
Dieser saugt das Wasser im Umkreis seines Stammes wie ein Schwamm aus der Erde. Deshalb dort nie feuchtigkeitsliebende Pflanzen und Blumen setzen.

Rosensträucher
Diese blühen bis spät in den Herbst, wenn man die voll erblühten Rosen jeweils abschneidet, bevor sie sich entblättern.

Sellerieblätter
Weil die Blätter die Knollen ernähren, dürfen diese nie gekappt werden.

Blaue Kohlrabisorten
Blaue Sorten sind widerstandsfähiger als weisse.

Ananaspflanze, wiedererblühend
Zwei halbierte Äpfel für eine Woche mit der Pflanze in einem Plastiksack an einen möglichst schattigen Ort legen. Das bringt die Ananas wieder zum Erblühen.

Bäume

Baumschulenartikel
Erworbene Pflanzen versprechen andauernden Erfolg, wenn sie in Baumschulen mit dem gleichen Klima beheimatet waren.

Anspruchsloser Obstbaum
Der am leichtesten zu pflegende Obstbaum ist die Sauerkirsche (Schattenmorelle). Selbst im Schatten und in ungünstigem Boden gedeiht sie gut und bringt reichlich Ernte.

Bäume pflanzen
Bäume werden nie zu nah am Haus gepflanzt, weil ihre Wurzeln das Fundament beschädigen können. Ebenfalls sollten sie nicht zu nahe bei anderen Pflanzen stehen, weil sie ihnen Nährstoffe und Licht wegnehmen. Zudem sollten Bäume nie in allzu feuchtem Boden stehen.

Schneedruck
Wenn Obstbäume unter Schneedruck leiden, sollte der Schnee unbedingt abgeschüttelt werden. Sonst nehmen die Äste Schaden, worunter später auch das Obst leidet.

Weihnachtsbaumfreuden
Nach dem Kauf 2 Tage in einem kühlen Raum zwischenlagern. Danach den Stamm mit einem scharfen Messer in einem 45-Grad-Winkel abschneiden und in einen mit lauwarmem Wasser und einigen Tropfen Glycerin gefüllten Ständer stellen. Allenfalls vor dem Schmücken regelmässig mit Wasser besprühen.

Der Kompost
Auf diesen gehören Unkraut und Pflanzen ohne Samenbildung, dünne Lagen Laub, Schnittblumen, geschnittener Rasen, kleinste Holzreste, geschnittener Rasen, Erde, Haustiermist. Ebenso Küchenabfälle wie Obst- und Gemüsereste. Wenig Eierschalen, Zitrusfrüchte, Kaffee- und Teereste sowie Asche aus dem Cheminée oder Holzofen. Gekochte Essensreste oder Fleisch gehören nicht auf den Kompost, da sie Ratten anziehen.

Welche Kräuter im Kleingarten pflanzen?
Basilikum: Weil vielerlei damit besser schmeckt.
Dill: Die reifen Samen sind ein vorzüglicher Ersatz für Kümmel. Schmeckt gut zu Bohnen.
Kamille: Für viele Heilzwecke.
Lavendel: Ist unverwüstlich und für guten Duft im Wäscheschrank zu verwenden.
Melisse: Weil sie von Frühling bis Herbst geerntet werden kann und als Zitronenersatz brauchbar ist.
Oregano: Weil man damit dem Süden ein wenig näher rückt.
Petersilie: Weil der tägliche Salat damit besser schmeckt.
Pfefferminze: Für das tägliche Geniessen als Tee.
Schnittlauch: Erfrischend und würzend.
Waldmeister: Für die Festbowle.

Schädlingsbekämpfung

Blattläuse

Die befallenen Pflanzen werden mit starkem Schwarztee besprüht. So gehen die Blattläuse rasch von dannen.

Blattläuse an jungen Trieben: Zigarettenstummel und andere Tabakreste aufkochen und die befallenen Rosen- und anderen Triebe mit der Brühe besprühen.

Die Gartengendarmerie

Im Garten schone man: Spinnen, Marienkäfer, Gartenläufer, Goldschmiede, Puppenräuber, Schlupfwespen, Raubfliegen, Schmarotzerfliegen und Baumwanzen. Sie tilgen schädliche Insekten.
Besonders nützliche Gartentiere sind auch: Spitzmäuse, Igel, Eidechsen, Kröten, Frösche und Blindschleichen. Maulwürfe sind ebenfalls überwiegend nützlich, ihre Hügel sollten jedoch glattgeharkt werden.

Ameisenplage

Bei Blumentöpfen: Diese mit Vaseline einreiben. Das hindert die Ameisen am Hochkrabbeln.
Bei Beeten: Kreidepulver oder Kerbelkraut um das Beet streuen, das mögen die Ameisen gar nicht und nehmen Reissaus.

Drahtwürmer im Garten

Diese richten verheerende Schäden am Gemüse an und sind so widerstandsfähig, dass sie nur durch Ablesen bekämpft werden können. Hierzu eine halbierte Kartoffel mit der Schnittfläche fest nach unten auf den Boden drücken und die sich darunter ansammelnden Würmer täglich ablesen. Oder aber Salat zwischen den von den Würmern bevorzugten Krautpflanzen aussäen. Beginnt eine junge Pflanze bereits zu welken, so ist sie mitsamt den Würmern herauszuziehen.

Katzen vom Gemüse fernhalten

Zwischen die Setzlinge kleine, feine Stöcke, Stricknadeln oder kleine Stücke aus Metalldraht setzen. Damit wird das Salat- oder Gemüsebeet für das kleine Geschäft der Katzen und auch der Hunde ungemütlich.

Mehltau

Die befallenen Pflanzen mit Vollmilch besprühen. Auch das Besprühen mit einer Lösung aus 1/2 Teelöffel Kochsalz und 1 Liter Wasser hilft gegen den Mehltau.

Leben lassen

Vertilgen

Moos im Rasen

Asche auf das Moos streuen. So wird dieses leicht getilgt.

Raupen an Beerensträuchern und Gemüse

Die befallenen Pflanzen sind mit Schmierseifenwasser zu bespritzen.

Regenwürmer

Diese sind für ein gutes Gedeihen der Saat wichtig. Werden sie jedoch zu zahlreich, so begiesse man die Erde mit dünnem Salzwasser. Die Regenwürmer werden hierauf an die Oberfläche getrieben und lassen sich leicht einsammeln.

Schildläuse

Gegen Schildläuse die befallenen Pflanzenblätter mit einer Mischung aus 1 Liter warmem Wasser, ½ Kaffeelöffel Spülmittel und 1 Esslöffel Spiritus besprühen.

Schneckenplage im Garten

Einen mit Bier gefüllten Joghurtbecher ebenerdig zwischen die Pflanzen eingraben. Dies lockt die Schnecken zuhauf an. Oder aber man hindert sie am Einwandern in den Gemüsegarten, indem man um diesen einen Schneckenzaun anbringt. Oder aber man legt Rhabarberblätter auf dem Boden aus. Zwiebeln und Knoblauch schützen vornehmlich Bohnen, Salat und Petersilie vor Schneckenbefall.

Stachelbeerraupen

Diese werden durch das Bestreuen der feuchten Sträucher mit Tabakasche und Russ zum Verschwinden gebracht.

Erdflöhe

Diese werden vernichtet, indem man die Beete wiederholt mit Sägemehl und Torfmull bestreut. Oder man bestreicht ein Brett mit Fliegenleim aus 2 Esslöffeln Honig, 5 Tropfen Leinöl und 2 Esslöffeln Kolophonium und trägt dieses, mit der Leimseite nach unten, dicht über die Beete. Die Flöhe bleiben am Harz kleben.

Vogelplage

Für Erdbeeren und Kirschen Salzheringe als Vogelscheuchen auf die Beete legen oder an die Äste hängen. Salatbeete werden durch Abdecken mit ausgedienten Gardinen vor Vogelfrass geschützt.

Wespen

An Bäumen und Spalieren weithalsige, mit etwas verdünntem Fruchtsaft gefüllte Flaschen aufhängen. So sammeln sich die Wespen darin.

Blattläuse fernhalten

Anis und Koriander schrecken Blattläuse ab.

Würmer fernhalten

Basilikum, in die Nähe von Tomaten gepflanzt, hält Würmer und Ungeziefer von diesen fern.

Raupen fernhalten

Blumen-, Wirsing- und Weisskohl bleiben von Raupen verschont, wenn Tomaten zwischen die Pflanzen gesetzt werden. Der Geruch vertreibt Schmetterlinge.

Kohlmaden fernhalten

Kohlpflanzen werden von Kohlmaden gemieden, wenn zwischen die Pflanzen Dill, Minze oder Salbei gesetzt wird. Oder aber beim Einpflanzen 1 Esslöffel gelöschten Kalk in das Pflanzloch schütten.

Kartoffelkäfer fernhalten

Man pflanze hiergegen Meerrettich neben das Kartoffelbeet. So werden die Kartoffeln vor den gleichnamigen Käfern verschont.

Mäuse fernhalten

Mäuse meiden den Garten, wenn Zwiebeln gepflanzt werden.

Schnecken fernhalten

Zwiebeln und Knoblauch schützen vornehmlich Bohnen, Salat und Petersilie vor Schneckenbefall.

Düngemittel

Tipps

Düngemittel

Feucht harken
Den Boden an Tagen, an denen die Erde feucht oder zumindest nicht ausgetrocknet ist, gut harken und ausreichend lange liegen lassen.

Winterruhe
Während der Winterruhe sollten Pflanzen nicht gedüngt werden.

Schlechter Boden
Dieser wird durch Zufuhr von Humus, Torfmull, Kalk und guter Komposterde zur Besserung geführt.

Pferdeäpfel
Auf dem Spaziergang aufgehoben und zu der Erde von Beeren, Tomaten und Rosen gegeben, düngen sie diese vorzüglich.

Eierschalen
Eierschalen mahlen oder in einem Mörser zerkleinern. So geben sie einen guten Zusatzdünger für Bohnen, Erbsen und Topfpflanzen ab.

Eierwasser
Wasser, in dem Eier gekocht wurden, ist ein guter Blumendünger.

Hefereste
In Wasser aufgelöste Hefereste ergeben einen vorzüglichen Dünger, sowohl für Gartenbeete als auch für Zimmerpflanzen.

Leere Milchpackung
Diese ungereinigt mit Wasser füllen und über die Pflanzen giessen. So wachsen sie gut.

Rosendünger
Alter Kaffeesatz oder Bananenschalen in kleine Stücke geschnitten und unter die Erde gemischt, lässt Rosen vorzüglich gedeihen.

Teeblätter
Die gebrauchten Teeblätter mit Blumenerde vermischen und als Dünger aussäen. Rosen lieben diese Mischung besonders.

Wie pflanze ich – Setzlinge, Sämereien und Ernte

Beete anlegen
Beete werden am besten von Norden nach Süden verlaufend angelegt. Das gilt auch für die Pflanzrillen der kleinen Setzlinge, da diese ansonsten von schweren Ost- und Westwinden verweht werden. Den Gartenboden nicht umgraben, wenn er nass ist. Es bilden sich sonst harte Klumpen und Schollen.

Keimkraft von alten Sämereien prüfen
Etwa 40 Samen zwischen nasses Zeitungspapier geben und mit einem Teller zudecken. Nach 5 Tagen werden die spriessenden Samen gezählt. Alte Sämereien über Nacht in den Saft von faulen Äpfeln einlegen. So werden sie wieder angeregt.

Feinste Samen säen
Die Samen mit trockenem Sand vermengen. Hierauf geht das Aussäen leichter und gleichmässiger von der Hand.

Frisch gepflanzte Samen
Um das Verschlämmen zu verhindern, werden diese nicht mit der Giesskanne gegossen. Stattdessen vor dem Pflanzen den Erdboden anfeuchten.

Gurkensetzlinge
Die Gurkensetzlinge sind Anfang März in feuchte Sägespäne zu legen und in einem warmen Raum ständig feucht zu halten. So lassen sich die Setzlinge gut heranziehen und ergeben später eine vorzügliche Ernte.

Kürbis- und Gurkenkerne
Diese werden vor der Aussaat über Nacht in Milch eingeweicht.

Radieschen
Die Samen werden auf nahrhaftem Boden ohne allzu starke Sonneneinstrahlung ausgesät. Ansonsten werden die Radieschen holzig. Ausgiebig giessen, aber nie düngen, damit sie nicht von Maden befallen werden.

Vorarbeiten

Setzen

Säen

Setzlinge umpflanzen
Diese sind immer nur während des Regens oder kurz danach umzupflanzen. Ansonsten gerät ihr Wachstum leicht ins Stocken.

Steckzwiebeln
Zum Stecken nur die kleinsten Zwiebeln auswählen, am ehesten jene von der Grösse einer Haselnuss. Grosse Zwiebeln hingegen schiessen allzu gerne ins Kraut.

Keimzeiten

Keimzeiten
In 4 bis 6 Tagen keimen: Blumenkohl, Gartenkresse, Herbstrüben, Kohlrabi, Rosenkohl.
In 5 bis 8 Tagen keimen: Endivien, Gurken, Radieschen, Rettiche, Tomaten, Weisskraut.
In 8 bis 12 Tagen keimen: Bohnen, Erbsen, Karotten, Randen, Spinat, fast alle Salate.
In 10 bis 15 Tagen keimen: Sellerie, einige Sorten Spinat, Zwiebeln.
Noch längere Keimzeiten gelten für: Lauch, verschiedene Sellerie- und Spinatsorten.

Frühe Karotten
Immer nur abgeriebene Samen in das Erdreich stecken. Diese schmiegen sich leichter an die Erde an als Samen mit Bärtchen und keimen deshalb zügiger.

Gemüse in Töpfen
Kartoffeln: Diese lassen sich gut auf dem Balkon ziehen. Sehr dekorativ, wenn sie in alte Koffer oder Blecheimer gepflanzt werden. Behälter mit Komposterde füllen und pro Gefäss eine bis drei Saatkartoffeln hinein stecken.
Tomaten: In Gefässe pflanzen, die einen Ablauf haben, damit das überschüssige Wasser ablaufen kann, sonst bildet sich Staunässe. Sie mögen einen sonnigen Standort, brauchen aber nicht zwingend die direkte Sonneneinstrahlung. Zudem soll der Geruch von Tomatenstauden die Mücken fernhalten. Wenn im gleichen Topf noch Petersilie als Bodendecker angepflanzt wird, verstärkt sich der Geschmack der Tomaten.

Auberginen: Am besten längliche Sorten auswählen, da diese unempfindlicher sind als rundliche. *Gut in Töpfen und sonstigen Gefässen gedeihen auch:* Frühlingszwiebeln, Kohlrabi, Peperoni- und Peperoncinisorten, Pflück- und Kopfsalat, Radieschen, Zucchini und Zuckererbsen. Im Handel sind auch kleinwüchsige Gemüsesorten erhältlich.
Diese können einfach in Töpfen angepflanzt werden. Es gibt Gemüsesorten wie Minipeperoni, -tomaten, -auberginen etc.

Kräutergarten auf dem Balkon
Besonders mediterrane Kräuter wie Oregano, Thymian, Rosmarin und Basilikum gedeihen prächtig in Töpfen und Blumenkästen. In diese immer eine Drainageschicht aus Tonscherben oder grobem Kies legen. Wenn die Kräuter blühen, die Blüten wegzupfen so leben die Kräuter länger.

Gartenerdbeeren
Diese pflanze man immer gleich in 3 bis 4 Sorten an anstatt in einer einzigen. So werden die Blüten gut befruchtet. Die Beete dürfen während der Blüte und des Fruchtansatzes nicht mehr mit der Harke gereinigt werden. Erdbeerpflanzen, die keine Früchte tragen, sind erblich belastet und sollten, selbst wenn sie üppig aussehen, ausgedünnt werden, da auch ihre Ableger unfruchtbar sind.

Riesenkürbisse
Damit Kürbisse gross heranwachsen, schütte man 35 Zentimeter vor und hinter dem Kürbisstiel auf dem Rankenknoten gute Erde auf. Nur die Blätter des Knotens sollten dabei sichtbar bleiben. Die vordere Rankenspitze abschneiden und die erscheinenden neuen Triebe abkneifen.

Ernte

Gemüse ernten
Dieses ernte man – ausser Bohnen und Erbsen – immer nur abends, weil es dann die höchsten Nährwerte und den besten Geschmack aufweist.

Zimmerpflanzen und Frischblumen

Zimmerpflanzen

Hornspäne
Abgeschnittene Finger- und Fussnägel sind ein ausgezeichnetes Düngemittel für Topfpflanzen.

Würmer in Blumentöpfen
Diese bringt man zum Verschwinden, indem man Nussblätter oder Rosskastanien abkocht und den erkalteten Sud in die Töpfe giesst.

Kränkelnde Topfpflanzen
Wasser auf 60 Grad Celsius erhitzen und hiermit die Pflanze giessen. Warten, bis das ablaufende Wasser klar wird. So verschwindet die Säure, die das Kränkeln verursacht hat.

Blumentöpfe füllen
Den Topfboden mit Scherben, Walnussschalen, Holzkohle oder Kieselsteinen bedecken. Die Erde erst hiernach einfüllen. So kann das Wasser besser aus der Erde abfliessen.

Feuchtigkeit für Pflanzen
Beim Baden oder Duschen nehme man die Pflanzen mit ins Badezimmer. Der Dampf tut ihnen gut.

Pflanzen bei Abwesenheit giessen
Für eine kurze Ferienzeit kann eine mit Wasser gefüllte Plastikflasche kopfüber in die Pflanzenerde gesteckt werden. Diese bewässert die Pflanze. Oder aber man überzieht die Blumenkästen mit Frischhaltefolie. Diese hält die Erde einige Tage feucht.

Pflanzenblätter säubern
Diese sind mit einem Federstaubwedel abzustauben und hiernach mit einer Mischung aus 1 Teil Wasser und 1 Teil Milch abzuwischen. So kommen die Blätter wieder zu vollem Glanze.

Topfpflanzen im Zimmer
Diese gedeihen üppig, wenn die Topferde mit wenig zerkleinerten, getrockneten Bananenschalen, Eierschalen, Kaffeesatz oder Teeaufguss vermischt wird.

Amaryllis

Die Amaryllis im Topf kann bei richtiger Pflege mehrere Jahre die Adventszeit verschönern. In ihrer Wachstumsphase von Frühjahr bis Sommer sollte sie draussen Sonne und Wärme tanken. In der Ruhephase im Herbst wird sie in den Keller gebracht und ab September nicht mehr gegossen. In der Adventszeit wird sie wieder in den Wohnraum gebracht. Nach dem Verblühen die verwelkten Blätter am Stiel abschneiden.

Orchideen zum Wiedererblühen bringen

Die Stängel nach dem Blühen auf 5 bis 10 Zentimeter zurückschneiden und die Orchideen an einen hellen, ungeheizten Platz stellen. Alle 3 Wochen giessen und, sobald sich Spitzen zeigen, etwas Dünger beimischen.
Zum Düngen: Ein Stück Apfel auf die Blumenerde legen, so blühen die Orchideen ausgiebig.

Orchideen giessen

Viele der Probleme, die mit Orchideen auftreten, sind auf zu häufiges Giessen zurückzuführen. Darauf achten, dass keine Staunässe am Topfboden entsteht.

Zu kurze Blumenstiele

Hier empfiehlt es sich, zerknüllte Zeitung auf den Vasenboden zu geben und erst hierauf das Wasser einzufüllen.

Länger blühende Blumen

Die Sträusse vor dem Zu-Bett-Gehen fein mit Wasser besprühen und über Nacht an einen kühlen Ort bringen.

Blumen schneiden

Frische Blumen immer nur mit einem schafen Messer schneiden oder zurückschneiden. Eine Schere zerquetscht die Leitbahnen der Blumen, sodass die Wasserzufuhr beeinträchtigt wird.

Blumen einstellen
Schnittblumen stets in lauwarmes, frisches Wasser und in saubere Vasen stellen. Kaltes Wasser ist ein Schock für die Pflanzen.

Stinkendes Blumenwasser
Damit das Blumenwasser nicht stinkt und trübe wird, entferne man bei den Blumen vor dem Einstellen alle Blätter, die ins Wasser kommen. Zudem einige Tropfen Javelwasser ins Wasser geben; das verhindert das Trübwerden des Blumenwassers.

Blumennahrung
Auf 1 Liter Wasser 2 Esslöffel Obstessig und 1 Esslöffel Rohzucker beigeben.

Verwelkte Blumen
Diese bekommen durch das Abschneiden von 1 bis 5 Zentimeter Stiel im spitzen Winkel und sofortiges Einstellen in frisches Wasser meist wieder ihre Frische. Auch die Beigabe einer Aspirintablette kann hilfreich sein.

Maiglöckchen
Maiglöckchen nur alleine einstellen, weil sie andere Blumen vergiften. Nachts an einen kühlen Ort bringen.

Mohnblumen
Wenn diese nicht aufgehen wollen oder gar die Köpfe hängen lassen, die Stielenden bis zu einer Höhe von 15 Zentimetern für 2 Minuten in fast kochendes Wasser (ca. 90 °C) stellen. Danach ins lauwarme Wasser einstellen.

Narzissen
Diese sind nur alleine in eine Vase zu stellen. Andere Blumen ertragen ihre Absonderungen nicht.

Nelken
Nelken halten länger, wenn man ihrem Blumenwasser etwas Zitronenlimonade beigibt.

Lilien
Die Stempel abschneiden! So leben Lilien länger und färben nicht ab.

Rosen

Diese erblühen rascher, wenn sie nach dem Schneiden sofort in lauwarmes Wasser gestellt werden. Dem Blumenwasser 1 Kaffeelöffel Zucker beigeben, damit sie lange frisch bleiben.

Welke Rosen

Diese werden vorübergehend wieder frisch, wenn sie in Zeitungspapier eingewickelt in die mit kaltem Wasser gefüllte Badewanne gelegt werden.

Schleierkraut

Der schlechte Geruch von Schleierkraut kann behoben werden, indem dem Einstellwasser 1 Teelöffel Salz oder etwas Mundspülung beigegeben wird.

Tulpen

Mit einer feinen Nadel unterhalb des Blütenkopfes ein kleines Loch durch den Stiel bohren. Tulpen nur in wenig lauwarmes Wasser stellen.

Essbare Blumen

Es gibt einige wohlmundende – ungespritzte – Blumen, die den Balkon oder Garten mit Farbtupfern verzieren und gut in Töpfen gedeihen.

Duftveilchen: Die Blüten als Verzierung für Suppen, Saucen, Salate und Desserts verwenden.

Primeln: Die Blüten als Verzierung in den Salat geben.

Borretsch: Wird als Salat gegessen oder in Suppen gekocht. Die blauen Blüten als Salatdekoration verwenden.

Rosen: Als Tee geniessen oder als Sirup einkochen.

Nelken: Die Blütenblätter zum Salat geben.

Goldmelisse: Blätter und Blütenfähnchen als Tee verwenden. Die würzigen Blüten können Gemüse, Hühnchen oder Fisch beigegeben werden.

Begonien: Die Blüten sind hervorragend zu Käse.

Kapuzinerkresse: Als Beigabe im Salattopf bringt sie Farbe und einen feinen, dem Meerrettich ähnlichen Geschmack.

1924
FILIALE
BASE
MARKTPLA
POSTCHECKKONTO V
Globus
Bahnhofbrücke
Zürich
FÜR VORTEILHAFTEN EINKAUF

Gesichts- und Körperpflege

Baden

Viele vorzügliche Badezusätze

Eine Wonne ist das Milch-Honig-Bad: Ein Gläschen Honig in 2 Litern warmer Milch lösen und ins Badewasser geben.

Für empfindliche, gereizte Haut: 2 bis 3 Esslöffel Kleie in ein Stoffsäckchen geben und dem Badewasser zufügen.

Für fettige Haut: Lavendel, Rosmarin, Salbei und Pfefferminze in ein Stoffsäckchen geben und ins Badewasser legen.

Für vorzüglich schöne Haut: Eine Portion Kaffeerahm und 1 bis 2 Esslöffel Oliven- oder Mandelöl mit ins Badewasser geben.

Haut

Hautpeeling

Grobes Meersalz im Mörser zerkleinern und mit Olivenöl vermischen. Die Haut mit der Mischung unter der Dusche abreiben und das Salz abspülen.

Reinigen

Trockene Haut

Diese sollte mit Mandelkleie anstatt mit Seife gewaschen werden. Auch das Einreiben der Haut mit Arganöl hilft. Wunderbar wirkt die Pasta cerata Schleich KA aus der Apotheke. Täglich angewendet, gibt sie der Haut ihre Feuchtigkeit zurück.

Geschmeidige Haut

Durch die tägliche Einnahme von 1 bis 2 Esslöffel Distel- oder Leinsamenöl bleibt die Haut geschmeidig.

Fettige, glänzende Haut

Einen Wattebausch mit etwas Apfelessig benetzen und damit über die fettigen Stellen fahren. Dies wirkt adstringierend. Auch die Einnahme von Vitamin A wirkt sich positiv auf fettige Haut aus. Tagsüber das Gesicht mit einem Papiertaschentuch abtupfen und leicht überpudern.

Reiner Teint

Dieser wird leicht erreicht durch das Trinken von viel frischem Gurken- oder Randensaft. Oder aber 2 bis 3 Mal pro Woche 1 geschälten, geriebenen Apfel mit 1 Esslöffel Honig vermengen und auf die unreine Haut auftragen und 20 Minuten einwirken lassen. Auch die tägliche Waschung mit heissem und hierauf kaltem Wasser wirkt.

Hautreinigung

1 Deziliter Buttermilch, 1 Esslöffel frischen Zitronensaft und 1 Esslöffel Honig gut vermengen. Mit einem Wattebausch auf das Gesicht auftragen und 2 bis 3 Minuten einwirken lassen. Mit warmem Wasser abwaschen. Dieses Reinigungsmittel ist für jeden Hauttyp geeignet.

Grobe Poren

Hiergegen hilft es, das bereits gewaschene Gesicht ab und an mit Zitronensaft einzureiben.

Blasses Aussehen
Die angefeuchtete Haut ist mit der glatten Fläche eines Bimssteines sanft abzureiben und hierauf leicht einzufetten.

Nasenröte
Die Nasenspitze mit einem in sehr heisses Wasser getauchten Wattebausch betupfen. So kommt man der Röte fast immer bei.

Sommersprossen
Diese werden mit Zitronensaft gemildert. Wichtig: Den Sommersprossen bereits von März an durch das zusätzliche Einreiben mit Sonnenschutz vorbeugen.

Jugendliche Haut
Diese lässt sich durch das tägliche Trinken von mindestens 3 Litern stillem Wasser erhalten.

Welke Haut
Welke Haut wird leicht wieder straff und frisch, wenn man sie mit Wechselwaschungen pflegt. Einige Minuten heisses, gerade noch erträgliches Wasser und hierauf kurz kaltes verwenden. Mehrmals wiederholen und dann mit einem Eiswürfel abreiben.

Unreinheiten

Falten

Knitterfalten
Knitterfalten vom Schlafen: Nach dem Aufstehen 2 Löffel in heissem Wasser erwärmen und die Falten damit ausstreichen.

Runzeln und Krähenfüsse
Deren Bildung wird durch tägliches Waschen mit Mandel- oder mit Buttermilch gemildert. Eine wöchentliche Maske aus 1 Teelöffel Olivenöl, 1 Eigelb und 1 Teelöffel Honig anrühren und auftragen. 20 Minuten einwirken lassen und vorsichtig abwaschen. Auch das tägliche Abreiben mit einer rohen Kartoffel führt zu einem runzelfreieren Aussehen.

Augen

Zu viel Parfum aufgetragen

Sollte das aufgetragene Parfum zu penetrant duften, kann der Duft mit einer aufgeschnittenen Zitrone, die man über die betroffenen Stellen reibt, neutralisiert werden.

Körperhaarentfernung

Körperbehaarung lässt sich auch ohne Rasierschaum entfernen. Etwas Haarconditioner auf die zu rasierenden Stellen geben und normal rasieren.

Mitesser

Diese lassen sich durch das Trinken von Randensaft beseitigen. Täglich ein halbes Glas Saft mit einem Löffel einnehmen.

Pickel

Frisch erblühte Pickel mit Zahnpasta bestreichen und über Nacht einwirken lassen. Oder aber mit einer angeschnittenen Knoblauchzehe betupfen.

Pigmentflecken

Diese werden durch die Behandlung mit Ringelblumensalbe gemindert.

Damenbart

Dieser wird durch mehrmaliges, tägliches Kauen von frischen Pfefferminzblättern eingedämmt.

Schöne Augen und Wimpern

Etwas Rizinusöl rund um die Augen auftragen und über Nacht einwirken lassen. So werden und bleiben sie schön.

Wimpernpflege

Die Wimpern täglich vor dem Schlafengehen mit einem kleinen, weichen Bürstchen, versehen mit einigen Tropfen Rizinusöl, bürsten.

Strahlende Augen

Schön strahlende Augen erhält man, indem man sie mit einem in Schwarztee getunkten Wattebausch auswäscht.

Müde Augen

Einen gekochten Kamillenteebeutel oder aber einen in warmer Milch getränkten Wattebausch auf die geschlossenen Augen legen. Jeweils etwa 10 Minuten einwirken lassen.

Augenringe

Gegen geschwollene Augen und Augenringe hilft es, wenn man morgens ein paar Minuten lang 2 kalte Löffel (aus dem Kühlschrank) darauf drückt. Bei Augenringen öfter eine Scheibe Salatgurke auflegen. Oder aber zwei feuchte Schwarzteebeutel über Nacht in den Kühlschrank geben und am Morgen etwa 5 Minuten auf die Augen legen.

Tränensäcke

Diese verschwinden, wenn man Kaffeesatz mit Eischnee vermengt und täglich auf die Tränensäcke aufträgt. 15 Minuten einwirken lassen. Das Auflegen von eiskalten, feuchten Schwarzteebeuteln schafft ebenso Abhilfe.

Augenfältchen

Hierbei hilft eine Kompresse aus geriebener roher Kartoffel. Etwa eine Viertelstunde auf die geschlossenen Augen auflegen. Mindestens 2 Mal wöchentlich anwenden.

Schminken

Buschige Augenbrauen zähmen

Auf eine weiche Zahnbürste einen kleinen Spritzer Haarspray geben und damit die Brauen in Form bürsten.

Verführerische Augenbrauen

Verführerische Augenbrauen erhält man leicht, indem man sie abends mit Brillantine oder Kokosöl einstreicht und diese über Nacht einwirken lässt.

Lippen

Spröde, aufgesprungene Lippen

Hiergegen hilft das Auftragen mittels einer weichen Zahnbürste mit Honig, Olivenöl oder Ringelblütensalbe vorzüglich.

Lipgloss

Abgebrochene Lippenstiftstücke in eine kleine Dose geben und mit etwas Vaseline vermischen. So erhält man ein vorzügliches Lipgloss.

Puderpinselersatz

Als Puderpinsel eignet sich auch ein weicher Malerpinsel.

Puder

Puder niemals auf unvorbereiteter, sondern nur auf eingecremter Haut anbringen. Puder vor dem Schlafengehen unbedingt entfernen!

Schminkstifte spitzen

Diese lege man kurz ins Gefrierfach. So brechen sie beim Spitzen nicht ab.

Hand-, Fuss- und Nagelpflege

Reinigen

Schmutzige Gartenhände
Diese werden mit einem Rhabarberblatt leicht gereinigt.

Stark stinkende Hände
Die Hände nass machen und ausgiebig mit Salz einreiben. Etwas einwirken lassen und die Hände hiernach mit Wasser abspülen. So verschwindet der hartnäckigste Geruch.
Bei Fischgeruch: Die Hände mit Essigwasser spülen.

Braune Fingerspitzen
Braune Fingerspitzen bei starken Rauchern lassen sich mit Zitronensaft mildern.

Raue Hände
Man übergiesse 1 Handvoll Haferflocken mit kochendem Wasser und lasse dieses Gemisch eine Weile ziehen. Die Hände hierauf 5 Minuten darin baden. So werden sie geschmeidiger.

Gegen Hausfrauenhände
Rissige und gerötete Hände werden wieder schön, wenn man sie vor dem Schlafen mit Sheabutter oder Kokosöl einreibt und des Nachts mit feinen Baumwollhandschuhen schläft. Auch eine wöchentliche Handmaske aus einem Brei aus 2 Esslöffeln Weizenkleie und 6 Esslöffeln Buttermilch verschafft Abhilfe.

Trockene und gerötete Ellenbogen und Knöchel
Diese täglich mehrmals mit Sheabutter oder Kokosöl eincremen. So werden sie wieder fein.

Pflegen

Geschmeidige Hände
Die Hände werden schön geschmeidig, wenn man sie nach dem Waschen ungetrocknet mit Zitronensaft einreibt und diesen in die Haut einmassiert. Nicht abspülen! Mehrmaliges wöchentliches Baden in warmer Milch, der 1 Esslöffel Olivenöl zugegeben wurde, macht die Hände zusätzlich schön und glatt.

Nägel

Handpeeling
Olivenöl mit Zucker vermischen, auf den Händen verreiben und leicht einmassieren. Ohne Seife abspülen. Die Hände sind danach wunderbar weich und schön.

Schweisshände
Hierbei hilft es, wenn man von der Seife so wenig wie möglich Gebrauch macht. Die Hände stattdessen oft in lauwarmem Wasser und unter Zusatz von einigen Körnchen Alaun waschen.

Rote Hände
Eine Maske aus Tonerde Pulver und Gurkensaft herstellen. Diese auf die Hände auftragen und einwirken lassen. Das mildert die Röte.

Aufgesprungene Hände
Zum Schutz gegen Kälte werden diese nach dem Waschen mit sehr feinem Hafermehl bepudert.

Weisse Nägel
Auf einen Wattebausch etwas Zitronensaft geben und damit die Nägel abreiben.

Knoblauch- und Zwiebelgeruch an den Händen
Gegen diesen hilft es, die Hände am Edelstahlwasserhahn zu reiben oder eine Edelstahlseife zu verwenden.

Zu weiche Fingernägel
Diese werden kräftiger, wenn man sie täglich vor dem Schlafengehen mit Zitronensaft einreibt.

Brüchige Fingernägel
Diese bade man abends in warmem Eichenrindentee. Hiernach mit Lanolin- oder Glycerinsalbe einreiben.

Nikotinflecken
Nikotinflecken an den Fingern werden zum Verschwinden gebracht, indem man sie mit Zitronensaft oder weissem Essig einreibt. Mit einem Bimsstein nachreiben.

Füsse

Eingewachsene Nägel

Diese werden beseitigt, indem man sie über Nacht mit einem mit Öl getränkten Läppchen umwickelt. Schon am darauffolgenden Morgen sind sie so weich, dass sie sich gut abschneiden lassen.

Rissige Nagelhaut

Die Nagelhaut täglich 10 Minuten in warmem Oliven- oder Mandelöl baden. Hierauf das Öl nicht abwaschen, sondern in die Nagelhaut einmassieren. Mit Papier abtrocknen.

Nagelhaut entfernen

Mandelöl in die Nagelhaut massieren und diese mit einem geeigneten Holzstäbchen ins Nagelbett zurückstossen. Achtung: Die Nagelhaut niemals schneiden!

Gepflegte Füsse

Lauwarmes Wasser in einen Bottich füllen und etwa 25 Gramm Natron darin auflösen. Die Füsse 30 bis 40 Minuten darin baden. Die Hornhaut mit einem Bimsstein entfernen.

Frische Füsse

Diese erhält man durch ein kühles Essigbad. So werden selbst die müdesten Füsse wieder frisch.

Schweissfüsse

Johanniskraut zu einem Tee aufgiessen und in einen Bottich oder Kessel geben. Die Füsse abends darin baden.

Kalte Füsse

Diesen kommt man bei, indem man das Tragen von Strumpfbändern oder zu engen Gummiabschlüssen an Socken vermeidet. Sie schneiden nur das Blut ab. Auch tägliche Kalt-Warm-Wechselfussbäder helfen gegen kalte Füsse.

Stinkende Füsse

Stinkefüsse mit Wodka oder sonstigem Alkohol einreiben. Auch ein Fussbad mit Tomatensaft (5 Deziliter Saft auf 2 Liter Wasser) schafft Abhilfe. Zimt- oder Zedernholzeinlagen verhindern stark stinkende Füsse.

Pflegetipps für Haar und Kopfhaut

Waschen und Tönen

Haarglanz
Diesen erhält man durch das Auftragen von etwas Apfelessig. Auch einige Tropfen Odol Mundwasser bringen die Haare zum Glänzen und lassen sie zudem wunderbar duften. Danach mit Wasser ausspülen.

Packungen

Volles Haar
Die Kopfhaut 1 bis 2 Mal in der Woche mit Kokosöl oder etwas Aloe-vera-Gel einmassieren.

Blondes Haar
Dieses wird seidig glänzend und duftet wohl, wenn man das Spülwasser mit Kamillentee und einigen Tropfen frischem Zitronensaft anreichert.

Braunes Haar
Zur Auffrischung der braunen Farbe sei das Haar mit Schwarztee zu spülen.
Für mehr Glanz: Der letzten Spülung etwas Apfel- oder Obstessig beigeben.

Fettiges Haar
Dagegen hilft eine letzte Spülung mit Pfefferminztee.

Zu starke Tönung
Wenn die Farbtönung zu stark und zu dunkel ausgefallen ist, einen Brei aus Backpulver und Wasser anrühren und 15 Minuten einwirken lassen. So wird die Tönung gemildert.

Haarfarbe auf der Haut
Die Haut vor dem Auftragen der Farbe mit Vaseline schützen. Farbreste auf der Haut können mit Backpulver oder Natron (als Paste angerührt) getilgt werden. Diese auf die betroffenen Stellen auftragen, einwirken lassen und gut abspülen.

Seidenweiches Haar
Dieses wird durch eine Ölpackung erzielt. Die Kopfhaut dabei vollständig mit geeignetem Öl – etwa Rosen- oder Mandelöl – einreiben und hierauf ein wollenes Tuch um das Haar schlingen. Nach einer ½ Stunde gut auswaschen.

Kopfhaut

Trockenes, sprödes Haar

1 Deziliter Olivenöl mit 1 Eigelb anreichern und die Haare damit bestreichen. Mit einem warmen Tuch bedecken und am besten über Nacht, mindestens aber 1 Stunde, einwirken lassen. Danach normal waschen.

Glatze vorbeugen

Frühzeitig mit dem Massieren der Kopfhaut und mit Kopfhautgymnastik beginnen. So wird der Glatze wirkungsvoll vorgebeugt.

Haarausfall

Haarausfall lässt sich durch tägliches, sorgfältiges Bürsten oder Kämmen vorbeugen. Sowohl nach den Seiten als auch von vorne nach hinten und umgekehrt bürsten. Es hilft auch, besonders bei blonden Haaren, diese nach der Haarwäsche mit Kamillentee zu spülen.

Schuppen

Die Haare mit einem Aufguss aus Brennnesseln und Lindenblüten spülen und hierauf den Rest gut in die Kopfhaut einmassieren.

Zahn- und Mundpflege

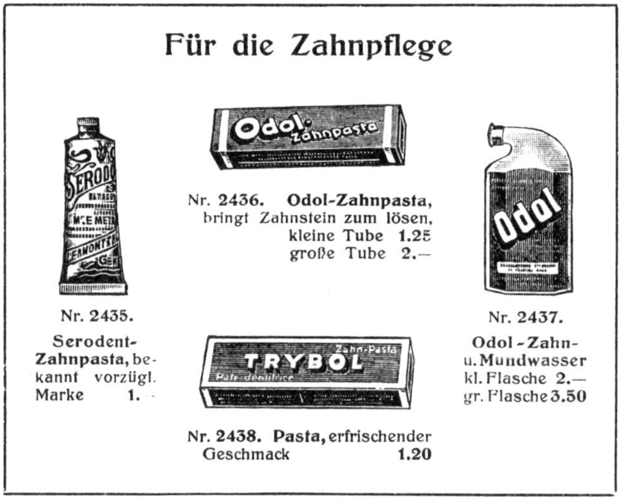

Mundgeruch

Hiergegen hilft das Kauen von frischer Petersilie oder das Schlucken einer Chlorophylltablette. Besonders wirksam bei Knoblauchgeruch.

Mundwasser

Ein gutes Mundwasser erstelle man aus 1 Teil Arnikatinktur und 3 Teilen Wasser.

Gesunde Zähne

Die Zähne mit Salbeitee reinigen. Dieser festigt das Zahnfleisch.

Weisse Zähne

Die Zähne werden schön weiss, wenn man sie 1 Mal wöchentlich mit Koch- oder Meersalz putzt, das man wie Zahnpulver auf die feuchte Zahnbürste gibt.

Wohlriechender Atem

Diesen erhält man, indem man die Zunge täglich mit einem Zungenschaber reinigt. Auch die Einnahme von Chlorophylltabletten hilft, den Mundgeruch zu neutralisieren.

Allgemeine Tipps zur Gesundheit

Tipps

Sehkraft stärken
Mehrmals täglich die Augenlider und die Schläfen mit kaltem Wasser befeuchten.

Haar oder Staubkorn in den Augen
Zwiebeln hacken, damit die Augen zu tränen beginnen und der Fremdkörper ausgeschwemmt wird.

Heiserkeit vorbeugen
Rednern sei das Trinken von Brombeersaft empfohlen. Dieser hilft vorzüglich gegen Heiserkeit.

Ohren schützen
Einige Tropfen Olivenöl ins Ohr träufeln. So wird es beim Schwimmen vor Wasser und Entzündungen geschützt.

Kleine Narben
Diese sind durch häufiges Abreiben mit Bimssteinseife auszuglätten. Danach mit etwas Olivenöl die Haut massieren.

Kritische Tage
Frauen können sich starkes Leiden ersparen, indem sie Leinsamentee trinken.

Lebertran und Rizinusöl einnehmen
Vor dem Einnehmen eine Orangenschale kleinkauen. So wird der schlechte Geschmack vertrieben.

Unangenehmes beenden

Achselschweiss
30 g Eichenrinde in 3/4 Liter Wasser geben und aufkochen. Sich damit jeden Tag unter den Achseln waschen. Der schlechte Schweissgeruch kann auch durch das Betupfen mit Whisky getilgt werden.

Kater
Diesem lässt sich beikommen, indem man 2 bis 3 Gläser handwarmes Wasser unter Beigabe eines ½ Teelöffels Bullrich Salz pro Glas trinkt.

Verdauen

Sodbrennen

Dieses wird beendet, wenn man ein Glas lauwarmes Wasser mit einem Teelöffel Bullrich-Salz trinkt. Oder Kamillen-, Fenchel- oder Anistee trinken.

Jung bleiben

Anspannungs- und Angstgefühle vertreiben

Diese legen sich, wenn man mahlende Kieferbewegungen macht, als ob man rohes Gemüse kauen würde.

Leichte Frustriertheit

Kaugummi mit Pfefferminz- oder Zimtgeschmack wirkt gegen leichte Frustriertheit.

Rauchen abgewöhnen

Der reichliche Genuss von Äpfeln wirkt beim Aufgeben dieser Angewohnheit unterstützend.

Schnarchen

Dem Schnarchen kann Abhilfe geleistet werden, indem man das Fussende des Bettes leicht erhöht.

Kleiner Jungbrunnen

Allgemein verjüngend wirkt der regelmässige Genuss von Knoblauchsaft.

Schönheitsmittel

Apfelschalen sind ein zuverlässiges Gesundheits- und Schönheitsmittel. Die Schalen nach dem Schälen in einem Topf mit reichlich Wasser übergiessen und über Nacht stehen lassen. Das gewonnene Getränk lässt sich pur oder gesüsst geniessen. Es ersetzt vorzüglich den Morgenkaffee.

Fondue

Dem Fondue gebe man eine Prise Natron bei. So liegt es nicht schwer im Magen.

Kakao

Dieser kann unbesorgt genossen werden, wenn man ihn mit Wasser und etwas Zitronensaft kocht. Ansonsten behindert er den Stoffwechsel.

Abnehmen

Stoffwechsel anregen

Jeden Morgen ein Glas mit 2 Kaffeelöffeln Apfelessig und 2 Dezilitern Wasser trinken. Das reinigt den Darm und regt den Stoffwechsel an.

Schlank werden

Dies gelingt nur mit Leibesübungen. Jeden Morgen und Abend führe man jeweils 5 Minuten folgende Übungen durch: auf Zehenspitzen aufrecht gehen und stehen, die Knie anziehen, Beinschwingen, Kniebeugen, auf dem Dielenboden ausstrecken, Bewegungen aus der Bauchlage. Jeden Morgen auf nüchternen Magen 1 Glas abgestandenes Wasser mit dem Saft einer Zitrone und einer Prise Salz wirkt ebenfalls unterstützend.

Zu starke Hüften

Dagegen hilft es, jeden Abend vor dem Schlafengehen folgende kleine Leibesübung durchzuführen: Man halte sich, nur mit dem Nachtgewand bekleidet, mit beiden Händen an einem Möbelstück fest und werfe abwechselnd kräftig ein Bein nach hinten.

Schmalere Fussfesseln

Schmalere Fussfesseln bekommt man, indem man sie täglich von unten nach oben mit Vaseline massiert.

Gesund bleiben

Blutreinigungskur

Vier Wochen lang soll 2 Mal täglich nach dem Aufstehen 1 Tasse Walnussblättertee zu sich genommen werden. Dieser Vorgang ist unbedingt 1 Mal jährlich durchzuführen.

Genesen

Luftverbesserung im Krankenzimmer

Es ist wirksamer, die oberen Fensterscheiben zu öffnen als die unteren. Oder aber 3 Minuten lang alle Fenster gleichzeitig öffnen anstatt nur ein einziges eine halbe Stunde lang.

Bettlägerige Kranke

Bettlägerigen Kranken sollte ein buntes oder bunt gerändertes Taschentuch gereicht werden. Dieses finden sie im Bett, ohne sich aufzuregen.

Abgespannt

Wohltat für Kranke

Ein kleines, weiss bezogenes Kissen ist äusserst praktisch zum Unterschieben unter Kopf oder Rücken. Zudem regt das Weiss die Kranken nicht auf.

Schlaf

Mittagsschläfchen

Ein Mittagsschläfchen erhält Schlanken die Schönheit. Gewichtigeren Menschen hingegen ist es nicht zu empfehlen, da es die Trägheit fördert. Damit man nicht zu lange schläft, einen Schlüsselbund in die Hand nehmen. Dieser rutscht aus der Hand, sobald der Tiefschlaf einsetzen würde, wodurch man wach wird.

Gesundes Schlafmittel

Einige Speisezwiebeln in Milch aufkochen und vor dem Zubettgehen verzehren. Hierauf kommt der Schlaf schnell. Oft angewandt, verleiht dieses Mittel auch eine reine Gesichtsfarbe. Ein warmes, mit einigen Tropfen Baldriantinktur versehenes Bad tut ebenfalls seine Wirkung.

Müdigkeit und Mattigkeit

Den Körper im Frühling und im Sommer leicht mit Kampferspiritus abreiben. Das vertreibt die Mattigkeit.

Abgespanntheit

Gegen diese hilft es, ein frisches Ei in ein wenig Wasser zu schlagen und nach Belieben zu süssen. 2 Mal täglich einnehmen. Achtung: Das Wasser darf nie durch Milch ersetzt werden, weil das Eiweiss dann gerinnt und seine Wirkung verliert!

Muskelkater

Die Einnahme von Hülsenfrüchten vor und nach der körperlichen Anstrengung verhindert den grossen Muskelkater, denn diese enthalten viel Vitamin E. Muskelkater wird auch durch ein heisses Vollbad und eine leichte Knetmassage gemildert.

Schmerzende Fussballen

Gegen schmerzende Fussballen hilft das Einreiben mit Kampferspiritus.

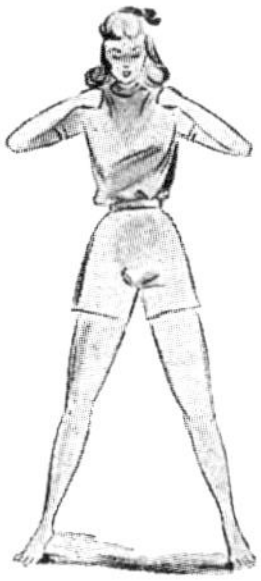

Leistungsfähigkeit steigern

Zucker, vor sportlichen Leistungen genossen, erhöht die Leistungsfähigkeit, insbesondere die Ausdauer.

Wundlaufen

Das Wundlaufen der Füsse auf Wanderungen verhindert man, indem man vorher eine kurze, kalte Fusswaschung macht und die Füsse hierauf mit Hautöl einreibt.

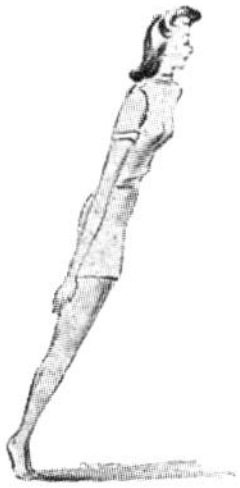

Müde Füsse

Müde Füsse werden wieder frisch, wenn man sie 15 Minuten in ein lauwarmes Fussbad steckt und hierauf mit Franzbranntwein oder Kampferspiritus massiert.

Blasen an den Füssen

Gibt man etwas Honig auf die Blasen, heilen sie schneller.

Herzklopfen

Herzklopfen bekämpft man durch kalte Umschläge an den Handgelenken.

Schmerzbekämpfung – Medizinische Anwendungen

Körper und Kopf

Arthrose vorbeugen

3 bis 4 Mal in der Woche einen ½ Teelöffel Hagebuttenpulver einnehmen. Das beugt der Arthrose vor und lindert gar bei akuter Arthrose die Schmerzen.

Asthma

Morgens, mittags und abends 1 Teelöffel von folgender Mischung einnehmen: 3 Teile geriebener Meerrettich, 1 gepresste Knoblauchzehe und 1 Teil flüssiger Bienenhonig. Schafft Erleichterung bei Asthma.

Nachtschweiss

Gegen diesen trinke man vor dem Schlafen einen Tee aus Salbei-, Lavendel-, Melisse- oder Pfefferminzblättern.

Leichte Kopfschmerzen

Diese lassen sich meist vertreiben, wenn man eine Mischung aus 3 Dezilitern kaltem Wasser mit 1 Kaffeelöffel Salz trinkt. Oder etwas Zitronensaft mit schwarzem Kaffee.

Kleine Verbrennungen und Verbrühungen

Diese sofort in kühlem (nicht eisigem Wasser) für mindestens 20 Minuten kühlen. Danach die Wunde mit einem lockeren sterilen Verband oder Frischhaltefolie abdecken, jedoch nicht eng einwickeln.

Wundes Zahnfleisch

1 Teelöffel Myrrhenwasser in 1 Glas lauwarmes Wasser geben und damit den Mund ausspülen. So bessert sich wundes Zahnfleisch rasch.

Leichtes Ohrensausen

Dieses ist, solange nicht von ernsthafter Art, mit heissen Umschlägen zu vertreiben.

Bluten

Blutungen stoppen

Blutungen werden gestoppt, indem man ein in heisses Wasser getauchtes Baumwoll- oder Papiertuch auf die Wunde legt.

Fieber und Schnupfen

Schmerzen

Nasenbluten

Dieses wird am ehesten gestillt, wenn man ein feuchtes Tuch oder einen kalten Gegenstand in den Nacken legt und den Kopf nach hinten beugt. Oder aber man massiere die Zungenmitte an der Unterseite mit dem Finger 2 bis 3 Minuten lang.

Zahnschmerzen

Eine Gewürznelke in den Mund nehmen und mit den schmerzenden Zähnen kauen. Nelkenöl bringt diese zuverlässig zum Verschwinden. 1 bis 2 Tropfen auf 2 Wattebäusche geben. Den einen in den Mund zum schmerzenden Zahn und den anderen ins Ohr der gleichen Gesichtshälfte stecken. Die lindernde Wirkung tritt nach kurzer Zeit ein.

Heuschnupfen

Heuschnupfen vertreibt man, indem man abends rohe Zwiebelscheiben in ein Glas handwarmes Wasser einlegt und den Saft davon am nächsten Morgen trinkt.

Schnupfen

Hiergegen zeigt die absolute Nahrungsenthaltung zumeist die aussichtsreichste Wirkung. Schnupfen lässt sich auch durch den Genuss von Dörrpflaumen (Backpflaumen) aus dem Leibe vertreiben, da diese für Stuhlgang sorgen. Hierbei viel Flüssigkeit trinken.
Für die verstopfte Nase: Salzwasser oder besser noch Meersalzwasser in kurzen Abständen in die Nase ziehen. Zusätzlich Ingwer fein schneiden und 5 Minuten lang in Wasser kochen. Den Tee trinken.

Fieber

1 Teil Essig mit 5 Teilen zimmerwarmem Wasser mischen. Alte Baumwollsocken hineintauchen und diese feucht anziehen. Mit einem Wolltuch bedecken und für 1 Stunde einwirken lassen. Mehrmals wiederholen, so wird das Fieber gesenkt.

Hals

Husten

Hiergegen werden Zwiebeln geschält, gehackt und in ein Tuch gewickelt. Über Nacht auf die Brust legen. Eine noch stärkere Wirkung wird erzielt, wenn die Zwiebeln vor dcm Ein wickeln leicht angedämpft werden. *Bei hartnäckigem Husten:* Eine halbe Zwiebel in 3 Deziliter Milch 2 Minuten lang kochen und, mit Honig gesüsst, einnehmen. Oder aber Weichselkirschenstiele mit kochendem Wasser übergiessen und 3 Mal täglich 1 kleine Tasse warm geniessen. *Bei Kindern:* Reines Glycerin bringt Linderung. Täglich einige Male und teelöffelweise zur Einnahme verabreichen.
Bei Säuglingen: Eine halbe Zwiebel auf den Nachttisch legen.

Heiserkeit

Aus Karton oder Zeitungspapier fertige man einen Trichter an und atme durch diesen, mit der kleineren Öffnung am Mund, den Dampf von heissem Kochsalzwasser ein.

Halsweh

Mit einer Handvoll Salbeiblättern einen Tee aufgiessen. Oder den Saft einer $1/2$ Zitrone und einen $1/2$ Teelöffel Meersalz in 2 Deziliter warmes Wasser geben. Mehrmals täglich gurgeln.

Mundaphten

Mit einem lauwarmen Tee aus Salbeiblättern mehrmals täglich gurgeln. Das lässt die Aphten heilen.

Schluckweh

Schluckweh verschwindet, wenn man mehrmals täglich 1 Messerspitze Meersalz auf der Zunge zergehen lässt.

Verdauungsschwäche und Verstopfung
Morgens auf nüchternen Magen 1 Glas lauwarmes Wasser trinken, das regelt den Stuhlgang. Oft kann eine Verstopfung durch den Genuss von Olivenöl behoben werden. Morgens und abends 1 Teelöffel einnehmen.

Übelkeit
Das Kauen von kandiertem Ingwer beseitigt diese gut.

Durchfall
Dieser kann durch den Verzehr von rohen Äpfeln über 2 Tage hinweg gelindert werden. Reis, Bananen oder Zwieback als Nahrung zu sich nehmen.

Juckende Ausschläge
Speisequark oder Kokosöl auf die befallenen Stellen auftragen. Diese helfen, den Juckreiz zu lindern.

Sonnenbrand
Kalten Quark oder Naturejoghurt auf die betroffenen Hautstellen auftragen und eintrocknen lassen. Lauwarm abspülen und so lange wiederholen, bis Linderung eintritt.

Nagelbettentzündung
Eine dickflüssige Lösung aus Kernseife und Wasser herstellen und diese 2 bis 3 Mal täglich rund um den Nagel auftragen. Mit Gaze abdecken.

Hühneraugen
Diese schmerzen weniger, wenn man 1 Stückchen Seidenpapier um die betroffene Zehe wickelt. Zudem 1 Zwiebel 12 Stunden in Essig einlegen und die Zehe mehrmals täglich damit einreiben. Danach kann das Hühnerauge leicht herausgeschält werden.

Haut

Bauch

Hühneraugen und Warzen

Warzen
In ein Pflaster ein Loch in der Grösse der Warze schneiden und das Loch auf die Warze kleben, sodass die Warze durch das Loch schaut. Auf die Warze eine zerquetschte Knoblauchzehe legen und mit einem Pflaster abdecken. Nach ein paar Tagen fällt die Warze ab.

Insektenstiche

Insektenstichen vorbeugen
Diesen beuge man vor, indem man Gesicht, Arme und Hände mit Nelken oder Citronella einreibt. Keine Kleidung in leuchtender Farbe oder Glitzerschmuck tragen.

Schmerzlinderung bei Insektenstichen
Bei Bienen- und Wespenstichen: Zunächst den Stachel entfernen und das Gift mit dem Mund aussaugen. Hiernach die Stichwunde mit einen Brei aus Salz und Wasser bedecken. Nimmt den Schmerz und die Schwellung. Immer gut: 1 Eiswürfel auflegen. Bei frischen Wespenstichen hilft es, einen Büschel Petersilie zu verreiben, damit der Saft austritt. Das Ganze auf den Stich legen und mit einer Gaze verbinden.
Bei Mückenstichen: Diese werden mit Essig betupft und mit Eiswürfeln gekühlt.

Zecken fernhalten
Bei Wald- und Wiesenspaziergängen Kokosöl oder -fett auf die Hautstellen massieren, die unbedeckt sind.

Heilpflanzen und ihre Wirkung

A

Alant: Die Wurzel wird für Kompressen gegen unreine Haut abgekocht.

Algen: Stärkungsmittel für den Blutdruck, die Knochen und das Herz.

Aloe vera: Lindert den Sonnenbrand.

Angelikawurzel: Antiseptisch, gegen Appetitlosigkeit und Blähungen.

Anis: Regt den Appetit an, mildert Leibesschmerzen.

Arnika: Entzündungshemmend und wundheilend.

B

Baldrian: Fördert den Schlaf und beruhigt.

Barbarakraut: Vorbeugend gegen Erkältungen.

Bärentraubenblätter: Gegen Blasenentzündung.

Bärlauch: Gegen Blähungen.

Basilikum: Hilft bei Übelkeit, beruhigt den Magen und regt den Appetit an.

Beifuss: Stärkt den Magen und regt die Galle an. Gegen geschwächte Nerven, Schlaflosigkeit und Frauenleiden.

Beinwell: Bei rheumatischen Beschwerden und Venenentzündung.

Bibernelle: Bei asthmatischen Zuständen, hustenstillend und Magenberuhigend.

Blutwurz: Bei Mundschleimhaut-, Rachen- und Zahnfleischentzündung.

Bockshornklee: Gegen Furunkel und Abszesse.

Bohnenkraut: Gegen unreine Haut.

Borretsch: Stark entzündungshemmende und hautdurchblutende Wirkung.

Brennnessel: Blutreinigend und entwässernd.

C

Chinarinde: Kräftigend und regenerierend.

D

Dill: Verdauungsfördernd und blähungslindernd

E

Eberraute: Gegen Verdauungsstörungen, Blähungen und Darmparasiten.

Efeu: Hilft bei Durchblutungsstörungen.

Ehrenpreis: Gegen Husten und Atemwegserkrankungen.

Eibisch: Gegen Rachenkatarrh, Husten und Heiserkeit.

Eichenrinde: Das Baden in der Abkochung hilft gegen Frostbeulen.

Eisenkraut: Regt den Stoffwechsel an.

E

Engelwurz: Hilft bei Magenschmerzen.

Estragon: Regt den Appetit an, beruhigt den Magen, entwässert.

Estragon: Regt den Appetit an, beruhigt den Magen, entwässert.

Eukalyptusblätter: Hautreinigend.

F

Faulbaumrinde: Gegen Verstopfung, Leber- und Gallenleiden.

Feigen: Wirken angenehm abführend.

Feldthymian: Bei Keuchhusten und Katarrh.

Fenchelsamen: Bei Verdauungsbeschwerden und Blähungen und bei Brustentzündungen.

Flohsamenschalen: Stuhlregulierend.

Frauenmantel: Gegen starke Periodenschmerzen.

G

Gänseblümchen: Schleimlösend und entzündungshemmend bei Hautkrankheiten.

Goldrute: Harntreibend, gegen Blasenentzündung, Rheuma und Gicht.

Grosse Klette: Fördert den Haarwuchs, hilft gegen Schuppen.

Gundermann: Entzündungshemmend, regt den Stoffwechsel an.

H

Hagebuttenpulver: Hilft und beugt der Arthrose vor.

Hamamelis: Stillt den Juckreiz und wirkt wundheilend.

Hauhechel: Gegen Blasenkatarrh, Gicht und Rheumatismus.

Hauswurz: Die zerquetschten Blätter und der Saft dienen zur äusserlichen Anwendung bei Warzen, Hühneraugen und Bienenstichen.

Heidelbeere (Blaubeere): Getrocknete Beeren helfen gegen Durchfall.

Heublumen: Durchblutungsfördernd und erwärmend.

Heidelbeere: Diese wirken Antioxidativ.

Himbeerblätter: Fiebersenkend und hustenstillend.

Holunderblüten: Wirken schweisstreibend und bei hartnäckigem Husten.

Holunderrinde: Gegen Blasenentzündung.

Honig: Entzündungshemmend.

Hopfen: Bei Einschlaf- und Durchschlafstörungen. Gegen Appetitlosigkeit und nervöse Magenbeschwerden.

Huflattich: Appetitanregend und gegen Husten, Verschleimung und Heiserkeit.

Ingwer: Durchblutungsfördernd, stimuliert die Verdauung.
Isländisch Moos: Bei Appetitlosigkeit, Heiserkeit, Ernährungsstörungen und Erschöpfung.
Johanniskraut: Stimmungsaufhellend und bei Schlafstörungen.
Kalmus: Gegen Verdauungsbeschwerden.
Kamille: Gegen Blähungen, wirkt krampflösend, schweisstreibend, beruhigend und schmerzstillend. Bei Entzündungen in der Mundhöhle oder den Augen.
Kapuzinerkresse: Gegen Blasenentzündung.
Knoblauch: Fördert die Magen- und Darmverdauung, stärkt das Immunsystem. Senkt zu hohen Blutdruck oder Cholesterinspiegel.
Knöterich: Stärkt das Immunsystem.
Kokosöl: Hautentzündungshemmend.
Kolophonium: Zur Behandlung von Abszessen, Wunden, Karfunkeln und Verbrennungen.
Königskerze: Schleimlösend bei Entzündungen der Atemwege.
Kümmel: Wirkt erwärmend, blutreinigend und harntreibend.
Kürbiskerne: Prophylaxe gegen Prostatabeschwerden.
Lavendelblüten: Wirksam gegen Kopfschmerzen, Nervosität und Einschlafstörungen.
Leinsamen: Für schmerzlindernde Umschläge.
Liebstöckel: Lindert Hautausdünstungen.
Lindenblüten: Wirken schweisstreibend, husten- und schnupfenlindernd, krampfstillend und nervenberuhigend.
Lorbeer: Zur besseren Durchblutung der Haut.
Löwenzahn: Entgiftet und entschlackt, wirkt fiebersenkend und schweisstreibend.
Majoran: Magenstärkend, schweisstreibend. Als Nasenspülmittel gegen Heuschnupfen.
Malve: Bei Geschwüren im Mund und Halsschwellungen. Schleimlösend und hilft bei Hämorrhoiden.
Mariendistel: Bei Gallenbeschwerden und Leberentzündung.
Meerrettich: Wirkt antibiotisch.

I J K L M

M **Melisse:** Beruhigend und krampflindernd

Mönchspfeffer: Lindert Wechseljahresbeschwerden.

Myrrhe: Bei Halsschmerzen.

N **Nelke:** Bei Zahnschmerzen.

Petersilie: Erhöht die Harnaus-
P scheidung. Hilft bei Ohrenschmerzen und Wespenstichen.

Pfeffer: Verdauungsfördernd.

Pfefferminze: Wirkt bei geschwächtem Magen, Leibesschmerzen, Brechdurchfall und Nervosität.

R **Rettichsaft:** Hilft bei Gallenblasenentzündungen.

Ringelblume: Bei Wunden und Hautausschlägen, Verstauchungen und Blutergüssen.

Rosmarin: Durchblutungsfördernd und stoffwechselanregend.

S **Salbei:** Bei Verschleimung und Nachtschweiss. Als Gurgelmittel bei Mund- und Rachenentzündungen, Husten, blutendem Zahnfleisch und lockeren Zähnen.

Schafgarbe: Bei allgemeinem Unwohlsein, Verdauungsschwäche, Nervenschwäche, Hämorrhoiden, Hypochondrie und ferner bei Husten.
Schlehdorn: Unterstützt den Stoffwechsel.
Schnittlauch: Regt den Appetit an und fördert die Blutbildung.
Schwarzer Holunder: Wirkt entzündungshemmend und schweisstreibend bei Erkältung
Sennesblätter: Wirken als Abführmittel.
Sonnenblumenkerne: Unterstützen den Stoffwechsel.
Spitzwegerich: Blutreinigend, wundheilend.
Sumpfschafgarbe: Harntreibend, regulieren den Stuhlgang.
Tausendgüldenkraut: Vielseitig beruhigend, vor allem bei Magenschmerzen und Blutarmut.
Ein kalter Aufguss ist sehr wirksam gegen Fieber.
Taubnessel: Hilft bei Atemwegs-, Haut- und Verdauungsproblemen.
Tausendgüldenkraut: Beruhigend bei Magenschmerzen.
Thymian: Krampflösend.
Veilchen: Gegen rheumatische Schmerzen, harntreibend.
Wacholder: Lindert Blähungen.
Waldmeister: Aus frischem Kraut gekochter Tee wirkt blutreinigend.
Zerdrücktes Kraut lindert Geschwüre und Kopfschmerzen.
Walnussblätter: Verdauungsstärkend, vernichten Bandwürmer.
Weissdorn: Bei leichten Herzbeschwerden, reguliert den Herzschlag.Wirkt blutdrucksenkend.
Wermut: Hilft bei Appetitlosigkeit und mangelhafter Verdauung.
Wolfstrappkraut: Gegen Schilddrüsenstörungen.
Zinnkraut: Entzündungshemmend, harntreibend, stärkt das Bindegewebe.
Zwiebelsaft: Bei Insektenstichen, Erkältungen, Husten und Ohrenentzündung.

Monat :

Nichts wegwerfen

Sparen

Heizwärme verstärken
Alufolie hinter dem Heizkörper anbringen. Diese verstärkt die Heizkraft.

WC-Wasser sparen
Einen Ziegelstein in den Spülkasten legen. So wird weniger Wasser verbraucht.

Gas sparen
Die Gaskocherflamme ist so einzustellen, dass immer nur die Spitzen, welche die grösste Hitze entwickeln, den Topfboden berühren. Eine zu grosse Flamme verschwendet unnötig Gas. Wichtig: Den Brenner öfter mit heissem Soda- oder Seifenwasser auswaschen und ausbürsten. Sind die Löcher des Brenners verstopft, entwickeln sie eine weit geringere Hitze.

Batterien sparen
Sind Batterien für grössere Geräte zu leer, lassen sie sich im Wecker oder der Wanduhr noch bestens benutzen.

Seife sparen
Seife wird um ein Vielfaches ergiebiger, wenn man sie ohne die Verpackung ein halbes Jahr aufbewahrt. Werden sie in die Wäscheschublade oder den Kleiderschrank gelegt, duftet auch die Wäsche gut.

Kerzen sparen
Wenn diese vor dem Gebrauch 1 Jahr lang gelagert und erst dann angezündet werden, brennen sie doppelt so lang. Oder aber man legt sie nach dem Erwerb einige Tage ins Gefrierfach. Auch so werden sie ergiebiger und tropfen zudem nicht.

Ausgetrocknete Schuhcreme
Diese wird wieder gebrauchsfähig, wenn man die Dose kurz in kochendes Wasser stellt.

Reiswasser
Wasser, in welchem Reis gekocht wurde, ist wegen seines Stärkegehaltes im Haushalt wertvoll. Damit lassen sich etwa Gardinen und feine Wäsche stärken.

Strom sparen
Die eingesteckten Geräte immer ganz ausschalten, nicht auf Stand-by halten. Mit einem Mehrfachstecker mit Ein-/Aus-Schalter können viele Geräte zusammen ausgeschaltet werden.

Papier

Altes Zeitungspapier
Altes Zeitungspapier wenn nötig mit der Hand glattstreichen und im Winter unter den Teppich legen. Dies hilft, das Zimmer warm zu halten.

Altes Seidenpapier
Dieses eignet sich besonders gut zum Auftragen von Bohnerwachs. Es saugt nicht so viel Wachs auf wie die Bohnerlappen.

Früchte

Kirschkerne
Ein genügend grosses Quantum in einen Beutel aus Leinen oder Baumwolle einfüllen und bei Bedarf im Backofen erwärmen. So erhält man ein vorzügliches Wärmekissen.

Wiederverwenden

Kältebeutel selbst gemacht

Einen alten Strumpf oder eine Socke mit Linsen füllen und in das Eisfach legen. Kann mehrmals verwendet werden.

Ausgepresste Zitronen

Man lege ausgepresste Zitronenreste in einen mit Wasser gefüllten Krug. Hiermit das Gesicht und die Hände waschen. So werden diese vorzüglich weich und anmutig. Oder aber man reibe den Küchentisch gründlich damit ab. Sie ergeben das beste Reinigungsmittel.

Orangen- und Zitronenschalen

Diese trocknen lassen. Sie eignen sich hervorragend, um ein Feuer anzuzünden. Frische Orangenschalen lassen sich zudem zum Reinigen von Porzellan, Badewannen, Ausgüssen und Emailgefässen verwenden.

Alte Rasierklingen

Alte Rasierklingen geben vorzügliche Messer ab. Sie eignen sich, in einen Korken gesteckt, auch zum Abkratzen von eingekochten Speiseresten auf Glaskeramikherden.

Durchgebrannte elektrische Sicherungen

Man bohre ein Loch in die durchgebrannten Sicherungen. So ergeben diese brauchbare Schlussquasten für Gardinenschnüre in Kammern oder im Wochenendhaus. Sie lassen sich auch als Schleifsteine für Messer verwenden.

Überzähliger Klinkerstein

Dieser ergibt den besten Messerschärfer überhaupt.

Kleine Glasscheibe

Diese eignet sich gut als Scherenschleifer.

Unterlage für Fleischhackmaschine
Hierfür eignet sich der Deckel einer Wein- oder Zigarrenkiste. Diesen zwischen Schraube und Tischplatte legen. So werden Abdrücke auf dem Tisch vermieden.

Seifenreste
Seifenreste in ein Netz (z. B. Früchte- oder Gemüsenetz) füllen und dieses fest verknoten und sich damit waschen. Oder man gibt die Seifenreste in einen leeren WC-Steinbehälter und reinigt so bei jedem Spülgang die Toilette.

Stumpfe Grammofonnadeln
Diese sind vorzüglich zum Vernageln von Bilderrahmen, Leisten und Möbelteilen geeignet.

Stoffreste und alte Wollstrümpfe
Aus diesen lassen sich brauchbare Möbelwischer herstellen. Hierfür circa 3 Zentimeter breite und 30 Zentimeter lange Stofffetzen zusammenbinden.

Alte Filzhüte
Alte Filzhüte eignen sich, in Form geschnitten, vorzüglich als Einlegesohlen. Sie sind ausgesprochen warm und strapazierfähig.

Deckel von Einmachgläsern
Selbst wenn die Gläser zerbrochen sind, lassen sich die Deckel gut als Blumentopfuntersätze verwenden.

Alte Schwamm- und Gummischwammstücke
Diese näht man in ein Mull- oder Teesäckchen ein. So gewinnt man einen neuen Schwamm.

Hochzeitsjubiläen und Geheimtinten

Hochzeitsjubiläen

1 Jahr	Papier- oder Baumwollhochzeit
3 Jahre	Lederhochzeit
5 Jahre	Hölzerne Hochzeit
7 Jahre	Kupferhochzeit
8 Jahre	Blechhochzeit
10 Jahre	Bronzene oder Rosenhochzeit
15 Jahre	Gläserne oder Veilchenhochzeit
20 Jahre	Dornen- oder Porzellanhochzeit
25 Jahre	Silberne Hochzeit
30 Jahre	Perlenhochzeit
35 Jahre	Leinwandhochzeit
40 Jahre	Rubinhochzeit
45 Jahre	Messing- oder Platinhochzeit
50 Jahre	Goldene Hochzeit
60 Jahre	Diamantene Hochzeit
65 Jahre	Eiserne Hochzeit
70 Jahre	Gnadenhochzeit
75 Jahre	Kronjuwelenhochzeit

Geheimtinten

Zitronensaft: Eine Zitrone so durch ein Sieb pressen, dass keine Fruchtfleischstücke zurückbleiben. Hierauf wird der Saft zu einer braun erscheinenden Geheimtinte.
Zwiebelsaft: Eine Zwiebel fein raspeln und durch ein Tuch drücken. Der Saft wird zu einer schwarz erscheinenden Geheimtinte.
Weinessig: Dieser ergibt eine rot erscheinende Geheimtinte.
Schreibutensil: Alle Geheimschriften mit einer Feder oder einem Zahnstocher auf das Papier auftragen. Geheimschriften werden sichtbar, wenn man sie erwärmt, etwa an einer Glühbirne oder aber mit etwas Abstand über der warmen Herdplatte oder über dem Feuer.

Wie wird das Wetter?

Wetterlage

Federwolken

Federwolken am bisher klaren Himmel zeigen Regen an, Federwolken am bisher bedeckten Himmel zeigen schönes Wetter an.

Haufenwolken

Bilden sich am frühen Morgen und bei schwüler Luft Haufenwolken, so ist bald ein Gewitter im Anzug.

Wolkenfetzen

Kleine Wolkenfetzen unter grauem Himmel deuten auf Landregen hin.

Sonnenuntergang

Geht die Sonne hinter einer schiefergrauen, geraden Wolkenwand unter: Es ist Regen zu erwarten.
Geht die Sonne hinter Haufenwolken unter, deren Ränder silbern glänzen: Es ist schönes Wetter zu erwarten.

Morgen- und Abendrot

Abendrot ist ein sicheres Vorzeichen für schönes Wetter am darauffolgenden Tag. Morgenrot hingegen kündigt einen Tag mit ungünstiger Witterung an.

Fallender Nebel

Dieser bringt schönes Wetter.

Sehr klare Luft

Sehr klare Luft deutet auf Regen hin.

Schneefall

Schneit es des Nachts ausgiebig, so ist oft Tauwetter in Aussicht.

Starker Tau

Dieser deutet auf schönes Wetter hin.

Schwitzt der Speck

Schwitzt der Speck, so ist mit Regenwetter zu rechnen.

Anemonen

Kündigt sich Regen an, schliesst die Anemone ihre Blüten, wird es sonnig, so öffnet sie diese weit.

Fledermäuse

Besuchen einen die Fledermäuse nach Sonnenuntergang, kündigt sich schönes Wetter an.

Maulwurf

Wirft der Maulwurf im Herbst und im Spätherbst aussergewöhnlich grosse Hügel auf, so steht ein kalter Winter in Aussicht.

Ameisen

Wenn Ameisen ganz besonders unruhig sind, wird schlechtes Wetter kommen. Wenn sie sich verkriechen, ist Regen zu erwarten.

Fische

Geht der Fisch nicht an die Angel,
ist an Regen bald kein Mangel.

Frösche

Quaken die Frösche am Tage, so zeigen sie schlechtes Wetter an. Quaken sie am späten Abend, ist schönes Wetter in Aussicht.

Klosterglocken
Kniff
Feines Laubsägewerkzeug
Knabenwerkzeug

Nur das Beste für unsere Kinder

Nahrung

Säuglingsnahrung

Säuglinge sollten von Beginn weg an eine Nahrungsaufnahme alle 3 Stunden gewöhnt werden. Nur besonders schwächlichen Kindern alle 2 Stunden Nahrung geben.

Nahrung für Kleinkinder

Diese wird schon sehr früh durch Obst und Gemüse erweitert. Das Gemüse ist hierbei zu passieren, die Äpfel sind zu reiben.

Gemüse essen

Dies ist vor allem im Frühjahr wichtig. Allerdings sollte es kein Treibhaus-, sondern Freilandgemüse sein.

Getränke für Kleinkinder

Die besten und bekömmlichsten Getränke sind Obstsäfte. Diese zunächst mit abgekochtem Wasser stark verdünnen.

Pflege

Wundwerden

Vor allem im Winter auf Wasser, Seife und Puder verzichten und stattdessen Hautöl verwenden.

Zähne putzen

Zähne sind erst ab dem 1. Geburtstag zu reinigen.

Verfrühtes Gehen

Kinder sollten nicht zum verfrühten Aufrechtgehen veranlasst werden, da Kriechen wohltuender ist.

Die ersten Gehversuche

Erste Gehversuche sollten ohne Schuhe unternommen werden, da diese den Stand des Kindes leicht verunsichern und zudem eine schlechte Fussstellung fördern.

Gehen

Zu Hause barfuss laufen

Zu Hause barfuss laufen ist sehr gesund, weil so die Fussmuskulatur unbehindert zur Arbeit kommt. Während des Sommers wird die Haut zudem abgehärtet.

Überempfindliches Kind

Kilogramm Kleie in 2 Liter kochendem Wasser eine Viertelstunde ziehen lassen. Hierauf das Kind darin baden. Das beruhigt es.

Abstehende Ohren

Diesen beugt man am ehesten durch nächtliches Anziehen der gängigen Ohrenklappen vor. Ansonsten wird später das Korrigieren schwieriger.

Gesundes und Erzieherisches

Schlafen

Einschlafen
Das Kind sollte mit lieben Worten und ohne Zank zum Einschlafen gebracht werden. Im Schlaf entfaltet sich nämlich auch die Seele eines Kindes.

Ein Säcklein zum Schlafen
Man gebe dem Kind ein mit Lavendelblüten gefülltes kleines Säcklein ins Bett, dieses erleichtert ihm das Einschlafen.

Säuglingsbett
Als Säuglingsbett sei dringend ein Torfmullbettchen empfohlen. Dieses ist leicht auswechselbar.

Sicherheit

Versehentliches Einschliessen
Ein Handtuch über die obere Türkante legen. So wird ein versehentliches Einschliessen durch das Kind verunmöglicht.

Türklinken sichern
Die Türklinken sind um 90 Grad Celsius nach oben zu drehen. So können Türen von kleinen Kindern nicht geöffnet werden.

Umfallen bei Gehversuchen
Bei den ersten Gehversuchen immer ein paar Eiswürfel bereithalten. Diese lindern kleinere Prellungen oder betäuben für kurze Zeit den Schmerz.

Wunden reinigen
Wunden mit einem roten Waschlappen reinigen. So können die Kinder das Blut nicht sehen.

Salben und Desinfektionsmittel auftragen
Diese werden nicht direkt auf die Wunde aufgetragen, sondern auf den Verband. So hat das Kind keine Angst davor.

Verletzungen

Splitter entfernen
Die verletzte Stelle einige Minuten mit Speiseöl beträufeln. Hiernach geht das Herausziehen des Splitters leicht.

Beule behandeln
Einige Minuten eine Münze auf die Beule drücken, so schwillt diese nicht an.

Pflaster abziehen
Dies geht fast schmerzfrei vor sich, wenn man die Pflasterstelle zuvor mit einem Tuch mit etwas Babyöl einreibt.

Medizin verabreichen
Diese lässt sich leicht vor dem Essen in der Milchflasche verabreichen, weil das Kind dann bereits Hunger verspürt.

Essen
Damit dem Kind beim Essen im Bett der Teller nicht davonrutscht, unterlege man ihn mit einem feuchten Waschlappen.

Verstopfung
Diese wird verhindert, indem man dem Säugling 1 Teelöffelspitze Bienenhonig und hierauf Rohsaft vom Spinat verabreicht.

Durchfall und Brechdurchfall
Bei Säuglingen und Kindern ist hierfür ein Wechsel der Milchart vorzunehmen. Ziegen- oder Sojamilch eignet sich besonders. Zudem einen geraspelten, rohen Apfel reichen.

Bauchweh und Blähungen
Hierbei helfen Fenchelsamen oder Salbeitee.

Lob der
Faulheit

Hund und Katze

Hunde pflegen

Schneepfoten

Die Pfoten nach jedem Spaziergang im Schnee abwaschen. So bilden sich keine Entzündungen.

Hunde säubern

Gelbe Kali- oder Marseilleseife in warmem Wasser auflösen und damit das Hundefell mit einer starken Bürste gegen den Strich bürsten. Hierauf ein wenig Essig oder Zitrone ins Spülwasser geben. Das hilft, den starken Seifengeruch zu entfernen.

Für weiches, glänzendes Fell: Dem Spülwasser etwas Backpulver beigeben oder im Sommer den Hund nach dem Säubern schwimmen lassen.

Für die Trockenreinigung: Das Fell mit Backpulver oder Maisstärkemehl einreiben und hierauf gut ausbürsten.

Bei langem Hundehaar: Eine Haarpflegespülung für Menschen hilft auch dem Hund.

Augen
Das sich in den Augenwinkeln ansammelnde Augensekret sollte täglich entfernt werden, da es sonst zu Entzündungen führen kann.

Fressen

Knochen
Knochen werden dem Hund vom Futter gesondert verabreicht. Keinesfalls Geflügelknochen geben, ansonsten droht Erstickungsgefahr! Alte Hunde sollten überhaupt keine Knochen mehr bekommen.

Würste
Wursthäute sollten vor dem Verfüttern zumindest zerkleinert werden.

Frisches Futter
Futter darf nicht auf Vorrat gekocht werden, sondern muss frisch in den Hundenapf gelangen. Dies gilt besonders im Sommer.
Dann auch des Öfteren das Trinkwasser erneuern, damit es dem Hund nicht abgestanden schmeckt.

Hunde- oder Katzennapf
Dieser rutscht nicht mehr weg, wenn man ihm ein Stück eines gewöhnlichen Gartenschlauches oder Gummi unterlegt.

Medizin verabreichen
Dem Hund oder der Katze eine Tablette geben gelingt leicht, wenn man diese in einem Stück Wurst oder Fleischpaste versteckt.

Ungeziefer

Flohschutz
Um den Hund von Flöhen rein zu halten, reibe man ihm Bierhefe in das Fell.

Erziehen

Ungeziefer am Haushund
Auf 6 Handvoll Wermutskraut 3 Liter kochendes Wasser giessen und den Sud 8 Stunden zugedeckt stehen lassen. Hierauf den Hund darin baden und mit frischem Wasser nachwaschen.

Ungeziefer am Hofhund
Um das Ungeziefer vom Hofhund fernzuhalten, mische man Walnussblätter in sein Lagerstroh.

Zecken fernhalten
Den Hund vor dem Spaziergang an den Beinen und Pfoten sowie am Unterbauch mit Kokosöl oder -fett einreiben.

Hunde von Häuserecken fernhalten
Dies geschieht durch das Pflanzen von ein paar Schwefelblumen, Beifuss oder echtem Lavendel, den Duft mögen Hunde gar nicht.

Katzen erziehen
Immer eine gefüllte Wasserpistole in Reichweite haben. Die Katzen damit bespritzen, sobald sie etwas Verbotenes tun. Hierauf meiden sie eine Wiederholung.

Katzen

Katzen vertreiben
Damit Katzen sich nicht mehr auf Möbel legen, können Mottenkugeln in Kissen eingenäht werden. Oder aber man bedecke sie mit Plastik, denn dieses mögen Katzen nicht.

Kaninchen, Hühner, Ziegen, Schweine und Co.

Kaninchen

Kaninchenhaltung

Getrocknetes Moos ist für Kaninchen eine vorzügliche Streu. Ansonsten Torfmull auslegen. Die Frage, ob Kaninchen Wasser trinken, sei beantwortet: Sie trinken, aber meist nur dann, wenn sie kein Grünfutter haben. Kaninchenweibchen hingegen benötigen einige Tage vor dem Werfen stets Wasser im Napf. Sonst kann es vorkommen, dass sie nach dem Blutverlust bei der Geburt vor lauter Durst ihre Jungen auffressen.

Zahnpflege

Damit die Nagezähne nicht zu lange werden, ist öfter Reisig oder hartes Brot zum Knabbern zu verabreichen.

Fressunlust

Diese wird behoben, indem man Schafgarbe, Thymian, Wermut und Beifuss mitverfüttert. Diese Kräuter sind zugleich die beste Medizin gegen Magenverstimmungen.

Mundendes Fleisch

Den Tieren vor dem Schlachten 4 Wochen lang Gewürzkräuter als Beifutter reichen. Besonders geeignet sind Sellerie und Petersilie.

Schönes Fell

Dieses wird erzielt, indem man Leinsamen mitverfüttert.

Hühner

Futterabwechslung

Maikäfer werden von Hühnern, Gänsen und Enten als Futterabwechslung begrüsst.

Mehr Eier

Eine erhöhte Legetätigkeit bei Hühnern wird erzielt, wenn man ihnen frische Magermilch verabreicht. Der Eiweissgehalt beschleunigt das Eierlegen.

Mehr Küken

Wer den höchsten Hühnerertrag wünscht, schalte abends 1 Stunde das Licht im Stall ein und füge dem Einstreu nochmals Körner bei. Beides erhöht die Fruchtbarkeit der Hühner.

Den Fuchs vom Hühnerstall fernhalten
Dieser wird ferngehalten, indem man ein Radio im Stall laufen lässt. So hat er das Gefühl, ein Mensch sei bei den Hühnern, und bleibt diesen fern.

Insektenbefall bei der Bruthenne und Henne
Die Henne ist mit einem Essigwassergemisch einzureiben, vor allem unter den Flügeln und am Bauch.

Durchfall bei Hühnern und Küken
Holzkohle kleinklopfen und unter das Futter mischen. Das verhindert den Durchfall.

Hühner im Zaun halten
Hühner überfliegen Zäune nicht mehr, wenn man 15 bis 20 Zentimeter über der oberen Zaunkante einen dünnen Draht spannt.

Ziegen

Laufdraht für die Ziege
Sie benötigt einen Laufdraht, der ihr grösseren Auslauf bietet. Dafür spanne man zwischen zwei Stangen einen Draht, an dem die Ziegenkette hin- und hergleiten kann.

Schweine

Das Schwein schlachten
Die beste Schlachtzeit ist von 2 bis 5 Uhr früh, weil das Schwein dann die geringste Lebenstätigkeit zeigt. Nicht nur soll es vor dem Schlachten keine Aufregung erleiden, auch die Qualität des Fleisches wird beeinträchtigt, wenn das Schwein in Panik gerät. Dem Tier vor dem Schlachten 20 Stunden Ruhe gönnen.

Brut- und Tragezeiten

Brutzeiten (durchschnittlich)
Gänse: 32 Tage, Pfauen: 30 Tage, Puten: 29 Tage, Enten: 27 Tage, Perlhühner: 26 Tage, Hühner: 21 Tage, Tauben: 18 Tage

Tragezeiten (durchschnittlich)
Kühe: 285 Tage, Ziegen: 154 Tage, Schafe: 153 Tage, Schweine: 118 Tage, Hunde & Meerschweinchen: 63 Tage, Katzen: 57 Tage, Kaninchen: 30 Tage

Rund ums Heim

Allgemeine Haushaltstipps

Rund ums Heim

Gekonnt reinigen

Alles um die Wände

Rund ums Heim

Bodenpflege

Rund ums Heim

Möbelpflege

Rund ums Heim

Gerüche im Haus

Schlechter Geruch

Wohltat

Rund ums Heim

Metall-, Edelmetall- und Mineralienpflege

Schmuck

Silber

Gebrauchsmetall

Rund ums Heim

Heim dekorieren und verschönern

Aufhängen

Auffrischen

Reinigen

Dekoration

Rund ums Heim

Selber Hand anlegen

Reparieren und schützen

Papeterie

Leder

Werkzeug

Allgemeine Tipps und Tricks rund ums Essen

Wie pflanze ich – Setzlinge, Sämereien und Ernte

Zimmerpflanzen und Frischblumen

Schönheit und Gesundheit

Gesichts- und Körperpflege

Hand-, Fuss- und Nagelpflege

Schönheit und Gesundheit

Pflegetipps für Haar und Kopfhaut

Schönheit und Gesundheit

Zahn- und Mundpflege

Schmerzbekämpfung – Medizinische Anwendungen

Lebenshilfe und Lebensweisheiten
Hochzeitsjubiläen und Geheimtinten

Lebenshilfe und Lebensweisheiten
Wie wird das Wetter?

Wetterlage

Natur

Rund um unsere Tiere

Hund und Katze

Rund um unsere Tiere

Kaninchen, Hühner, Ziegen, Schweine und Co.

Die genauen Anwendungen der unten aufgeführten Ingredienzen sind in den einzelnen Tipps angegeben. Die im Buch angewendeten Mittel können in Baumärkten, Drogerien, Reformhäusern oder Supermärkten gekauft werden. Dort kann man Ihnen auch bezüglich weiterführender Fragen betreffend Mengen und Anwendungen weiterhelfen.

Alaun
Wirkt antibakteriell, in Pulverform erhältlich.

Backpulver
Ein wahres Universalmittel. Für den Gebrauch oft als Paste mit Wasser angerührt verwendet.

Baby- oder Talkumpuder
Darauf achten, dass er unparfümiert ist. Hat die gleiche Wirkung wie Pfeifenerde. Für viele Anwendungen wird ein Brei zu gleichen Teilen mit Wasser angerührt.

Bimssteinmehl
Meist in Puderform erhältlich. Für den Gebrauch oft als Paste mit Wasser angerührt verwendet.

Chlorophyll
Auch Blattgrün, in Tablettenform erhältlich.

Dritte-Zähne-Reiniger
Meist als Tabs erhältlich, diese in Wasser auflösen.

Essig
Meist verwendet man weissen Essig (Obst-, Weinessig), aber Putzessig hat die gleiche Wirkung. Keinesfalls Balsamico oder Rotweinessig verwenden.

Essigessenz
Ist Essig mit mehr Säure (25%) als Putz- oder weisser Essig (5%).

Essigsaure Tonerde
Meist als Tabs erhältlich, die in Wasser aufgelöst werden können.

Gallseife
Ein universelles Fleckenmittel. Flüssig oder als Seifenblock erhältlich.

Glycerin
Feuchthaltemittel, flüssig erhältlich.

Glutinleim
Natürlicher Klebestoff, aus tierischen Abfällen gewonnen.

Kali- oder Schmierseife
Wird als Flüssigseife verkauft.

Kampferspiritus
Flüssig erhältlich.

Kolophonium
Ein aus Harz gewonnenes Flussmittel.

Kernseife / Savon Marseillaise
Wird als Blockseife verkauft und meist als Schaum angewendet. Schaum wird erzeugt mittels Rasier-, Back-oder Malpinsel und Wasser.

Kreidepulver
Wird durch das Zerstossen von weisser Kreide gewonnen.

Leinölfirnis und Leinöl
Flüssig erhältlich.

Natron
Ein unvergleichlich gutes Hilfsmittel für vielerlei. Für den Gebrauch oft als Paste mit Wasser angerührt verwendet.

Petroleum oder Petrol
Dieser sollte mit äusserster Vorsicht angewendet werden. Gummihandschuhe tragen und keinen direkten Augen- oder Hautkontakt!

Pfeifenerde
Löst Fett- und Ölflecken. Für viele Anwendungen wird ein Brei zu gleichen Teilen mit Wasser angerührt.

Reinigungsbenzin oder Wundbenzin
Dieses sollte mit äusserster Vorsicht angewendet werden. Gummihandschuhe tragen und keinen direkten Augen- oder Hautkontakt!

Sauerstoffbleiche
Ist in Pulverform erhältlich.

Sheabutter
Oder Karitébutter, eine Wohltat für trockene, rote und wunde Haut.

Silikon
Dichtungsstoff.

Soda
Ist als Pulver erhältlich. Für viele Anwendungen wird ein Brei zu gleichen Teilen mit Wasser angerührt.

Spiritus/Brennsprit
Vorsichtig damit umgehen und keinesfalls in der Nähe von Feuer gebrauchen.

Terpentin
Sollte nur mit äusserster Vorsicht angewendet werden. Gummihandschuhe tragen und keinen direkten Augen- oder Hautkontakt!

Ungelöschter Kalk oder Löschkalk
In Pulverform erhältlich. Für viele Anwendungen wird ein Brei zu gleichen Teilen mit Wasser angerührt.

Weingeist/Ethanol
Ist ein hochprozentiger, geschmacksneutraler Alkohol.

Wiener Kalk
Universelles Reinigungspulver.

Zichorie
Wildpflanze, als getrocknete Blüte zu kaufen.

Erica Matile (*1957), stilprägende Modedesignerin mit eigenem Label Erica Matile von 1987 bis 2005. Gewinnerin des Prix Bolero und weiterer verschiedener Modepreise. Seit 2005 freischaffende Gestalterin, Setdesignerin und Stylistin. Kostüme und Setdesign für Fernsehen und Theater. Styling von Modestrecken für diverse Medien und Setdesign für diverse Fernseh- und Werbeproduktionen. Lebt und arbeitet in Zürich. www.matile.ch und www.vomfleckweg.ch

Erste Gestaltung «Vom Fleck weg» von Cécile Graf (*1975), Studium im Bereich Visuelle Kommunikation an der Zürcher Hochschule der Künste. 2004 bis 2008 Buchgestaltung im Ammann Verlag, Zürich. Mit breitem praktischem Hintergrund, viel Engagement sowie Liebe zum Detail erarbeitete sie von 2008 bis 2020 in ihrem Atelier Gestaltungs- und Kommunikationslösungen. Heute arbeitet sie als Primarlehrerin.

Haftungsbeschränkung

Dieses Buch möchte Ihnen mögliche Problemlösungen vorschlagen. Die Ratschläge sind geprüft worden, dennoch kann weder von der Herausgeberin noch vom Verlag eine Garantie für das Gelingen übernommen werden. Eine Haftung der Herausgeberin oder des Verlags für Personen-, Sach- und/oder Vermögensschäden ist ausgeschlossen.